マキ
maki

忙しくても、
家が狭くても、
子どもがいても
できる

持たない
ていねいな
暮らし

はじめに

私は元々料理が得意ではありませんでした。大学時代は毎日学食、社会人になってからは朝晩コンビニに通う毎日…。

そんな生活のピリオドは、結婚して子どもを持ったこと。

長女が生まれる直前まで仕事をしていたので、本格的に家事をするようになったのは出産後でした。

初めは育児と家事の両立ができず、朝はパンをトーストするだけ、夜は味がついたお肉を焼くだけ、野菜は切って和えるだけで精一杯でした。疲れたときは店屋物をとったりすることもありました。

当時はなんだか、いつも忙しい気がしていたのです。仕事復帰後は、食洗機やロボット掃除機の購入を本気で考えていました。

次女を妊娠してから、このままの状態で2人目が生まれてしまったらパニックになりかねない！と、生活を見直したのがきっかけで、今のライフスタイルになりました。

今思うと、いつも忙しかったのは、物に振り回されていたからだと思います。

収納スペースにありったけの物が詰め込んであるから、必要なとき必要な物が探し出せない。持ちすぎた服のせいでコーディネートを決めるのに時間がかかる。便利グッズであふれたキッチンは作業スペースが確保できず、手早く料理ができない…。

そこで、不要な物を手放し、本当に必要な物だけを持つようにしたら、狭い部屋でもすっきり暮らせるようになり、時間にもゆとりができました。するとたちまち、時間のゆとりが心のゆとりにつながり、料理を作って食べるという楽しい時間を生み出せるようになりました。

そぎ落としていく作業はダイエットと同じで、毎日少しずつしかできず、今の暮らしにたどりつくのに2年ほどかかりました。

独身の頃は一途に通ったコンビニも、今では食べたい商品がなく困ってしまうほど。自分好みの料理が作れるようになってからは、外でお金を使うことが減り、満足できるお金の使い方ができるようになりました。

こうした体験から、持たない生活はていねいな暮らしに直結していると感じます。

本書では、我が家のありのままの暮らしぶりをご紹介しています。

どこにでもある一般家庭の、ごくありふれた生活ではありますが、ムダを省いた小さな工夫の1つひとつが毎日の生活をより充実させていることを感じていただけたら、とてもうれしく思います。

この本を手にとっていただいたみなさまの暮らしが、より豊かな物となりますように。

マキ

CONTENTS

Chapter 4

狭いからこそ広々暮らせる部屋作り

Chapter 5

取り出しやすく、しまいやすい収納

Chapter 6

少しの手間で日々きれいを保つ片付けと掃除

Chapter 7

暮らしを整え、楽しんでいくために

我が家は、53㎡の1LDK賃貸マンション。

夫と、2歳と7歳の娘、私の4人でコンパクトに暮らしています。

キッチンがLDの真ん中にある間取りなので、子どもと近い距離で大好きな台所仕事をすることができ、とても気に入っています。

正直、1LDKは4人で暮らすには狭いですし、オススメはできません。

でも、生活を見直し、ムダな物を持たないようにすることで、今は家族全員、居心地よく快適に暮らすことができています。

Chapter 1

忙しくてもできる 持たない ていねいな暮らし

シンプルライフは私の永遠のテーマ。不要な物は持たない。不要な家事はしない。こう考えるようになってからは家事がラクになり、働きながらでも毎日ドタバタせず過ごすことができています。

暮らしのムダは省くけど、〝食〟にはちょっぴり手間をかけて。

このメリハリが日々の満足度をあげてくれています。

ここからは、心と体に正直になった結果、自然にたどりついた、私なりの持たないていねいな暮らし方をご紹介します。

ワンプレートのお皿を家族でそろえてみるのも楽しいです。
木の器は軽いので、子どもでも扱いやすく、落としても割れないので安心して使えます。

毎日をちゃんと味わって暮らしたい

雑貨やインテリアが大好きで、以前は多くの物に囲まれて生活をしていました。

でも、次女を妊娠中、入院をきっかけに働けなくなりました。限られたお金でどう生活しようかと考えたとき、生活を見直しムダを省こうと思ったことが、持たない暮らしの始まりです。

私にとって一番大切なのは家族との時間です。そこに最大限の力をそそぎたいので、それ以外の物や手間は省くようになりました。

たとえば、ワンプレートで料理を出すようにすれば、洗い物の手間を減らせます。衣類を掛けたまま収納するだけで畳む手間を減らせます。こうした小さな積み重ねが、家族と過ごす大切な時間につながります。

そう考えて不要な手間を省くようにしたら、時間にゆとりを持てるようになりました。

持たないから、時間や心にゆとりが生まれる

床に何も置かないようにしているので、掃除機がとてもかけやすいです。平日の日中は仕事に出てしまっているので、朝や夜、気になったときに掃除機をかける程度。

持たない暮らしをするようになって、物がなくて不便だと感じたことはありません。逆に、すっきり暮らせるようになりました。

物を持てば持つほど収納スペースが必要で、管理や片付けに手間がかかります。

だから、自分がどんな物に囲まれて、どのように暮らしたいのかを考えたら、物を厳選して処分したり、慎重に選んで購入できるようになりました。

私の場合、「いらない」と判断する基準は、今使っているかどうかです。また、持ち物は各アイテム1つずつと必要最低限です。さいばしも、油性マジックも1本です。

持たない暮らしをするようになってからは、時間にも心にもゆとりが生まれたような気がします。

ていねいな暮らしは、ちょっとのひと手間

我が家では、市販のジュースは買わずに、自家製ジュースの素を作って飲んでいます。写真は、レモンシロップ。

「ていねいに暮らす」と聞くと、敷居が高そうに思われるかもしれません。

　でも、私にとっての「ていねいな暮らし」とは、落ち着いた気持ちで、充実した毎日を過ごすということです。

　たとえば、食材を買うときに、家族の体のことを考えて国産の物を選ぶだけで、安心して子どもに食べさせることができます。

　洗剤をお気に入りの容器に詰め替えるだけで、使うのが楽しくなります。

　着古したシャツを布巾として使うだけで、物を大切にしている気分になり、使いきる喜びを感じることができます。

　家事や育児や仕事に追われていても、今の生活をほんのちょっと変えるだけで、満たされた豊かな毎日をきっと過ごせると思います。

旬で新鮮な素材なら、おいしい食事になる

元々、料理が得意ではなく、社会人になりたての頃はコンビニに毎日通っていた私が、今では旬の野菜や新鮮な肉・魚を使った料理を作って、食べることの楽しさを感じられるようになりました。

それもあり、子どもにはできるだけおいしい物を食べさせて、味覚を育て、食べることの楽しさを味わう喜びを伝えていきたいと思っています。

手料理といっても、私の料理はそんなに手が込んだ物ではありません。

野菜を切って漬けておくだけの「ぬか漬け」だったり、野菜を茹でて調味料で和えるだけの「ナムル」だったり、本当に簡単です。

新鮮な野菜なら、丸かじりが一番おいしい食べ方だと思っています。

和紡布は、手つむぎ糸の太さのムラによって表面が凸凹しています。その凸凹のおかげで、洗剤を使わなくても、水洗いだけで汚れを落としてくれます。柔らかい肌触りと抜群の吸水力が特徴です。

まずは普段の家事で使う道具を変えてみる

私がしている暮らしの工夫は、ムリなく手軽にできることばかりです。

たとえば、スポンジの代わりに和紡布《わぼうふ》を使うだけで、洗剤を使わずに簡単な食器汚れを洗い落とせます。

食材のストックを缶や瓶ではなく、紙パックやパウチのようなかさばらない物を選ぶことで、少ないスペースで収納できます。

たまにしか使わない巻きすなどのキッチンツールは、サランラップなどほかの物で代用すれば買わずに済みます（物や手間のムダだけでなく、お金のムダ遣いも減らせます！）。

簡単に続けられる、ちょっとした工夫ばかりなので、手軽に始められて、続けるのもラクだと思います。

使っていて気分が上がる厳選ツール

物を購入するときは、〃一生使えそう〃という基準で物選びをします。

多少値段が高くても、長く使える物なら、結果的にお得だったりします。

気持ちよく暮らすため、ありあわせの物ではなくお気に入りの必要な物だけを持つようにしたら、自然と物欲はなくなり、次から次へと新しい物を買うことがなくなりました。今後も大切に使っていきたい物ばかりです。

>> リネンのキッチンクロス

吸水・速乾性が抜群なリネン100%のふきん。使うほどによい風合いになるため、3年経っても現役で活躍しています。

>> リネンタオルと和紡布

素材が丈夫なリネンはお手拭きタオルとして使っています。和紡布は、洗剤なしで食器や顔の汚れが落とせる優れ物。

>> 白いやかん

お湯を沸かすとき、麦茶を作るとき、コーヒーをいれるときなど、野田琺瑯《ほうろう》のポトルは毎日大活躍しています。

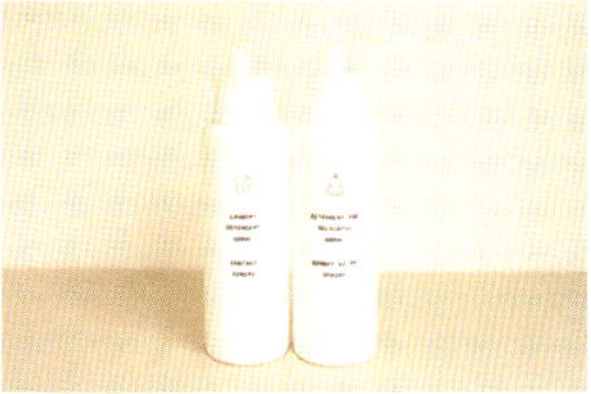

>> 洗剤・柔軟剤用容器

市販の洗剤容器はデザインが派手なので、シンプルな専用容器に詰め替えています。硬くて丈夫な容器がオススメです。

>> ガラスの米びつ

ガラス容器だと中身が見えて残りがわかるうえに、プラスチック製に比べておしゃれ感が断然アップします。

Chapter 2

手間を掛けずに豊かな食事

平日はゆっくり作る時間がとれないので、一切凝った料理をしません。

でも、暮らしの基本は食にあると思っているので、手作りの料理を必ず食卓に出すようにしています。

お家の手作りごはんを食べると、自分の舌が正直に反応し、ホッとします。どうせ食べるなら空腹を満たす物ではなく、体にいい、おいしい物を家族に食べさせてあげたい…。

ここからは、短時間で簡単においしいごはんを作るヒントをご紹介します。

副菜は、常備菜を数品盛りつけるだけ。メイン料理は、事前に味つけした冷凍の肉や魚を焼くだけ。土鍋でごはんを炊き、鍋に水と出汁パック、冷凍しておいたお味噌汁セット（P21右下参照）を入れて煮込み、最後に味噌をといたらお味噌汁のできあがり。これで晩ごはんは完成！

帰宅後30分で夕食にできる工夫

平日の晩ごはんは、とにかく時間との勝負。いかに早く作るかが最優先事項ですよね。ただ、手抜きをするのは心苦しい。子どもには栄養のある物を食べさせてあげたい！と思う方は多いのではないでしょうか。

そんなとき、少し時間に余裕がある週末に下準備しておくことで、驚くほど短時間で平日の晩ごはんを作ることができます。

我が家では週末まとめて食材を買い、冷蔵庫にしまう前に、洗う、刻む、茹でる、味つけする、などの半調理や常備菜作りをしています。

夫が子どもたちの遊び相手になってくれている間に、集中してキッチンに立って終わらせてしまえば、平日かなりラクできます。

休日に先手で冷凍のストック食材を

我が家では自家製の冷凍食品を数種類、常時ストックしています。

たとえば、お味噌汁セット、けんちんセット（P35参照）などの「セット」をあらかじめ作っておくと、そのつど洗ったり、皮をむいたり、切ったりする手間が省けて、食べたいときにすぐ作れるので便利です。

>> 肉はすぐ下味をつけて冷凍

肉を買ってきたらすぐに下味をつけます。たとえば、鶏肉を一口大に切り、タレと一緒に保存袋に入れて冷凍。解凍して焼けば焼き鳥の完成。前日の夜に冷凍庫から冷蔵庫に移しておくと、いい感じに自然解凍できます。

>> 野菜は倍量切って冷凍

調理するときイチから野菜の皮をむいて切っていたら大変です。あらかじめ多めに切り分けて冷凍しておくと、調理したいときすぐに作れて便利。基本的に冷凍すると味が落ちるので、冷凍する野菜は、スープやお味噌汁などの煮る料理で使う物だけにしています。

>> 家でも作れるチキンナゲット

鶏ひき肉、豆腐、卵を、しょうゆ、みりん、マヨネーズ、小麦粉、塩こしょうで味つけしたら、ラップの上で棒状にくるんで冷凍。ほどよく凍ったらスライスし、油で揚げると完成。

>> お味噌汁セット

セットの中身は、えのき、椎茸、油揚げなど。具材を保存袋に1食分ずつ小分けにして冷凍。1～2週間で使いきれる量を目安にして、作りすぎないようにストックしています。

>> ほうれん草のナムル

サッと茹でたほうれん草ともやしに、ごま油、ごま、ダシダ（韓国のうまみ調味料）で味つけ。

>> 春雨サラダ

国産春雨と上質なハムを使うのがミソ。オススメはボセニアソーセージ。右と同じ味つけ。

常備菜が1品あるだけで助かる

常備菜があれば、平日のごはん作りがとってもラク。わざわざ用意しなくても、盛りつけるだけで副菜が完成するからです。

私の場合、メイン料理はすぐ決まりますが、副菜で悩むことが多いので、この方法はかなりの時短になります。朝ごはんは、常備菜を数種類盛りつけるだけ（P26参照）。晩ごはんは、常備菜を副菜代わりにしています。

常備菜とまでは言えませんが、あらかじめミニトマトを水洗いしておいたり、ほうれん草やブロッコリー、アスパラガスなどを塩茹でしておくだけでも、平日のごはん作りがだいぶラク。

休日に食材をまとめ買いしたあと、3品ほど常備菜を作り、マリネは1週間、その他は2〜3日で食べ切ります。

>> 洋風マリネ

甘酢とオリーブオイルを混ぜた甘酢液にお好み野菜を入れ、蒸し鶏をのせる。少しハチミツを入れるとコクが出ます。ブラックペッパーはお好みで。セロリやタマネギを入れるとおいしい。

>> カボチャひじきサラダ

皮をむきマッシュしたカボチャとひじきをドレッシングで和えて。イタリアンドレッシング、マヨネーズで味を整えるのがオススメ。味つけ前に取り分ければ、離乳食にもなります。

>> 和風マリネ

茹でたじゃがいも、サッとお湯にくぐらせた豚肉を、ごま油と甘酢液につけた和風マリネ。柚子胡椒で味を整えます。

>> ぬか漬け

ぬか床に余った端切れ野菜を入れておくだけで、栄養価が高い立派な常備菜になります。わざわざ料理する手間が省けて便利です。

土鍋は、ごはんを炊く以外にも、ポトフやお鍋、しゃぶしゃぶ、すき焼き、煮物などいろいろと使えます。お米の上を有効活用して、ごはんを炊くついでに蒸し料理を作ることもできます。土鍋でじゃがいもをふかしてからお味噌汁に入れると、ホクホクしておいしいです。

ごはんは土鍋で炊くのが一番時短

平日の晩ごはん作りに大活躍してくれるのが土鍋です。

土鍋は炊飯器で炊くお米よりも味がいいだけでなく、炊飯器よりも早く炊ける時短ツールとしても優れ物。沸騰するまで強火で約8分火にかけて、10分以上蒸らせば完成です。

写真左のキッチンタイマーは、土鍋ごはんを炊くときの必須アイテム。

いくつもの作業を同時進行していると、お米を炊いていることを忘れがちに。そんなとき、時間を教えてくれる頼もしい存在です。

調理中すぐ操作できるように、コンロの後ろにある冷蔵庫の壁面に設置。マグネット式なので簡単に貼りつけられます。

混ぜるだけで栄養満点、おにぎりの具

我が家では、事前におにぎりの具を作って冷凍保存しています。

晩ごはんのときにしかお米を炊かないので、おにぎり作りはいつも晩ごはんのあと。

残ったごはんに冷凍おにぎりの具を入れ数分放置すれば、ごはんの余熱で具が自然解凍されます。

ごはんが冷めたらおにぎりを握り、ラップにくるんで冷蔵保存。翌日の朝ごはんになります。

時計回りに、①かぶ菜、②梅ひじき、③鮭おにぎり。
①は、かぶ菜をフライパンでしんなりするまで炒め、ごま、出汁パックの粉末or手作りふりかけで味つけ。
②は、水で戻したひじきを、しょうゆ、みりんで煮詰め、仕上げにかりかり梅とごまを加える。
③は、塩鮭やキングサーモンのアラをグリルで焼いてほぐしたあと、しょうゆ、みりん、砂糖で煮詰め、汁気がなくなったら完成。

10分でこんな感じの朝ごはんが完成します。まず、冷蔵庫から常備菜を出し、プレートに盛りつけます。前日に握っておいたおにぎりをレンジでチン。あとは、ぬか漬けを包丁で切って盛りつけるだけ。菜箸ではなく自分のお箸で盛りつけると、そのまま食べられて洗い物も減らせます。

朝の時間をゆったり過ごすために

平日の朝は、なかなか起きてこない家族を起こしたり、朝ごはんを作ったり、子どもたちが保育園や学校に出かける準備を手伝ったり…と、とにかく目が回るほどの忙しさ。

子どものお世話に手一杯で、自分の準備をする時間がほとんどとれません。

そんな慌ただしい朝だからこそ、ムダな手間を省き、短時間で作業が終えられるように工夫しています。

私がムダを省いていることといえば次の5つ。

①朝ごはんに火を使わない

作りおきのおにぎりや常備菜を盛りつけるだけ。鍋やフライパンの洗い物がなく、皿も1人1枚なので、手早く食器洗いと食器拭きを終わらせることができます。

>> 色違いを交互に

たくさんの服を着回せるほどオシャレではないので、トータルコーディネートを事前に決め、季節が変わるまで色違いを交互に日替りで着ています。

>> メイクはキッチンのシンク前で

家の構造上、洗面台が浴室の中にあるので、洗顔や歯磨きのときは、キッチンの水道を使っています。洗顔のあとはシンク上の棚に収納してあるメイク道具を取り出し、サッとメイクを済ませます。

②朝の身支度はキッチンで立ったまま

シンクで顔を水洗いし、そのままメイクしています。

③メイク道具を工夫

メイクは5分で完了します（P64参照）。

④事前にコーディネートを決めておく

洋服選びに迷いません。

⑤洗濯物は朝干さない

夜、入浴後に洗濯を済ませ、晩ごはんのあと洗濯物を干します。

我が家では、朝ごはんをワンプレートにしていますが、晩ごはんをワンプレートにしていただいてもいいと思います。

ワンプレート料理いろいろ

ワンプレートは、短時間で用意できるわりに栄養満点で見栄えもよく、子どもたちも朝食の時間を楽しみにしています。

さらに、自分のプレートだけは食べきろうと思ってもらえるようで、苦手な物でも食べてもらえたり、ちょい残しがなくなったりします。

平日は、ほぼおにぎりプレートですが、休日は少し時間をかけて楽しみながら作っています。

>> チーズとハムのサンドウィッチ

サンドウィッチの中身はカマンベールチーズとハム。ベビーリーフにミックス大豆とタマネギのマリネをのせたサラダ。いちごヨーグルトにはメープルシロップとフレークをかけて。

>> ゴルゴンゾーラのバケット

バケットは、ゴルゴンゾーラチーズとハチミツの組み合わせ。シーザーサラダとポトフとともに。

>> 梅ひじきおにぎり

春雨サラダ、ゆで卵の塩麹漬け、蒸し鶏のマリネ、ぬか漬けにしたブロッコリーの茎。サクランボを添えて。

>> かぶ菜おにぎり

晩ごはんの残りの肉じゃが、ほうれん草ともやしのナムル、デラウェア、カラフルピクルス、中央にはゆで卵の塩麹漬け。

>> 炊き込みごはんおにぎり

いちご、カボチャのひじきサラダ、ぬか漬け、ズッキーニのマリネ、ゆで卵の塩麹漬け、中央にはキュウリのしょうゆ漬け。

>> 鮭おにぎり

赤かぶの甘酢漬け、春菊のサラダ、自家製マヨネーズをのせたブロッコリーとスナップエンドウ、柚子胡椒の和風マリネ。

>> パンケーキ

ミニトマトの塩麹ドレッシング、ラタトゥイユ、パンケーキの上にはバナナ、ブルーベリー、生クリーム、メープルシロップ、粉砂糖をかけて。

>> 韓国風のりまき&けんちん汁

ほうれん草のナムル、炒り卵、焼き肉のタレで味つけしたひき肉を巻いたのりまき。切り干し大根とぬか漬け、けんちん汁を添えて。

P29でご紹介した韓国風のりまきは、巻きすがなくてもサランラップで代用して作れます。しっかり押さえながら巻くのがポイント。

型がなくても パウンドケーキが焼ける

持たない暮らしを始めて、自分が持っているキッチンの便利グッズの多さに驚きました。

100円ショップで買った細巻き用の型やケーキの型の中には、半年以上使っていない物もありました。

使っていない物に貴重な収納場所を奪われるのは、非常にもったいないことです。

各家庭にあって当然の道具も、もしかしたらなくてもいける？　買わなくて済む？……

そんなことを考えていたら、自然に代用することを覚えました。

あったら便利だけど、なくても大丈夫な物は持たずに代用することに決めました。

特別な道具を使わないとできない物は作らない！　そんな潔い考えも最近になってできるようになりました。

牛乳パックは捨てないで再利用

牛乳を飲んだあと、パックをすぐに捨ててしまっていませんか？

牛乳パックは、二次使用しがいのある便利アイテム。飲み終わったらすぐに捨ててしまうのは、とてももったいないです。

紙質がしっかりしているので、様々な用途に使えます。

ここでは3つの使い道をご紹介します。ぜひ試してみてください。

>> ケーキの型に

熱にも強いので、オーブンでパウンドケーキを焼くときの型としても使えます。中にアルミホイルを敷くと、焼き上がったとき牛乳パックに貼りつかず、きれいにはがれます。オーブンシートを使っても可。

>> 使用済み油の処理に

調理で余った油は、使い終わった牛乳パックの中に軽く握った新聞紙を入れ、それに吸収させてから捨てます。

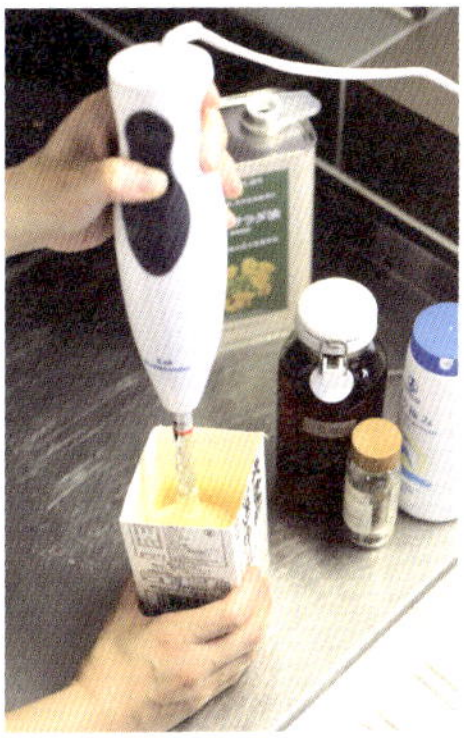

>> 泡立て用容器に

パックの上部を切り取って、マヨネーズを作ったり、生クリームを泡立てるときに使います。余ったら牛乳パックのまま冷蔵庫で保存でき、使い終わったら、そのままゴミ箱に捨てることもできます。

我が家のリクエスト最多レシピ

私の母は何でも手作りする人。おいしいごはんのおかげで父は外食をほとんどしません。

私も昔から母の手料理が大好きで、今でも実家に帰ると、味つけ方法を聞いているほど。

私が作る和食のベースは、ほぼ母のレシピを受け継いでいます。

ここでは、家族からのリクエストが多い褒められレシピをご紹介します。

めかじきトマト煮

焼き魚やお刺身のように和食になりがちな魚料理も、トマトとバジルを使っておいしいイタリアンに。

>> 材料 (以降すべて4人分)

オリーブオイル……大さじ2
スライスにんにく……1片
塩……小さじ1
めかじき……4切れ
ズッキーニ……1本
完熟トマト……4個
バジル……5枚
塩こしょう……お好みで

>> 作り方

❶めかじきの両面に塩を振り、水分を出しておく。ズッキーニは1.5cmの輪切りに。
❷フライパンにオリーブオイルを入れて熱し、スライスにんにくをこんがりする程度に素揚げし、一度お皿に出す。
❸フライパンにめかじきとズッキーニを入れ、両面に軽く焼き目をつけたら、ざく切りにしたトマトと揚げたにんにくを加え、蓋をして弱火で5分ほど煮込む。
❹仕上げにバジルをちぎって加え、塩こしょうで味を調える。

ドライカレー

子どもの通う保育園で
一番人気のメニュー！
隠し味に和風出汁を使うので
素朴でやさしい味に。

>> 材料

豚ひき肉……200g
玉ねぎ……1個
人参……1本
トマト缶……1缶
鰹出汁……400cc
Ⓐカレー粉…… 小さじ1
Ⓐ塩…… 小さじ1杯半
水溶き片栗粉
（片栗粉…… 小さじ1、
水…… 大さじ1）

>> 作り方

❶玉ねぎと人参をみじん切りにし、油をひいたフライパンでしんなりするまで炒め、ひき肉を加える。
❷弱火にし、ひき肉をほぐしながらじっくり炒め、火が通ったらトマトと鰹出汁を加え5分煮込む。
❸仕上げにⒶを入れ、水溶き片栗粉で固めたら完成！
※鰹出汁がない方は、粉末和風出汁とお湯で代用してください。

バターチキンカレー

ママ友が働くカフェで
出すプロの味。
こんな物が家で作れるの?と、
おもてなしで話題になります。

>> 材料

鶏もも肉……2枚
Ⓐヨーグルト……100g
Ⓐカレー粉……4皿分
（フレーク状に細かく）
Ⓐパプリカパウダー…… 大さじ1
Ⓐすりおろしにんにく……1片
Ⓐしょうが……1片弱
Ⓐ塩…… 少々
玉ねぎ……2個
みじんぎりにんにく……1片
トマト缶……1缶
塩こしょう…… 適量
生クリーム……100cc
バター……10グラム

>> 作り方

❶一口大に切った鶏肉とⒶの材料を袋に入れてよくもみ冷蔵庫で最低2時間漬け込む。
❷フライパンに油をひき、粗みじんにしたニンニク、玉ねぎを炒める。しんなりしたらトマト缶を入れ、蓋をし弱火で5分煮込む。
❸❶の鶏肉を入れて、蓋をして20分煮込む。
※水分を出すように蓋をしてじっくり煮込む。焦げやすいのでたまにまぜて。
❹仕上げに塩こしょう、生クリーム、バターを入れて完成！

ナスの味くらべ

同じ切り方、工程なのに、
最後の味つけを変えるだけで
全然違う料理に変身。
ナス農家オススメのレシピ。

>> 材料

ナス......5～6本
Ⓐめんつゆ......大さじ2
Ⓐすりおろし生姜
（多めがおいしい）
Ⓑ味噌......大さじ1
Ⓑ砂糖......大さじ2

>> 作り方

❶フライパンにたっぷり油をひき、細切りにしたナスを炒めます。
❷ナスがしんなりしてきたら、半分だけお皿に盛り、Ⓐをかけたら「ナスのしょうがめんつゆかけ」（写真右）が完成。
❸残りのナスにⒷを入れて、馴染むまで炒めたら「ナスの油味噌」（写真左）の完成。

餃子

栃木県出身なので、
母から受け継いだ
餃子レシピは絶品！
ポイントは白菜の漬け物を
入れること。ポン酢ダレも
いいけれど、酢と塩こしょう
もおいしいです。

>> 材料

餃子の皮......大判
豚ひき肉......250g
ニラ......半束
キャベツ......1/4玉
白菜漬け物......170g
（なければ白菜の塩漬けでもOK）
Ⓐしょうゆ......大さじ1
Ⓐごま油......大さじ1
Ⓐ片栗粉......大さじ2

>> 作り方

❶ニラ、キャベツ、白菜の漬け物を細かく刻み、ボールに豚ひき肉と一緒に入れる。
❷Ⓐをすべて入れてよく混ぜ、10分ねかせておく。
❸スプーンですくいながらタネを皮で包む。
❹フライパンに油をひいて、餃子を並べ、表面に少し焦げ目がついたらお湯をかけます。水分がなくなったら、ごま油を少し回しかけて皮をパリパリに焼きます。

母直伝けんちん汁

寒い冬、たくさん野菜を
食べたいときに作ります。
汁物というより
１つのおかずとして。

>> 材料

ゴボウ……1本
人参……1/2本
大根……1/4本
里芋……5個
白菜……1/4
ネギ……2本
しいたけ……4個
しめじ……半パック
出汁……400cc
こんにゃく……1枚
味噌……大さじ2
しょうゆ……大さじ1
豆腐……1丁

>> 作り方

❶ゴボウとネギは斜め切り。白菜やきのこ類、豆腐、こんにゃくは食べやすい大きさに、里芋は皮をむき一口大に切る。大根と人参はいちょう切りに（これが、けんちんセット）。
❷鍋にごま油をひき、根菜類だけ先に火が通るまで炒める。
❸焦げ目がつき始めたら、しょうゆとこんにゃくを加え、その他の野菜ときのこ類を入れ、出汁を加えて15分ほど煮込む。
❹仕上げに豆腐を入れ、味噌をとかし入れたら完成!

きのこたっぷり 炊き込みごはん

きのこ好きの
夫のためのレシピ。
冷めてもおいしいので、
残ったごはんで
作るおにぎりも最高。

>> 材料

しいたけ……3個
えのき……半パック
しめじ……半パック
豚こま肉……50g
油あげ……1枚
Ⓐしょうゆ……大さじ2
Ⓐみりん……大さじ2
Ⓐ出汁パック……1つ
お米……2合
水……2合分
(以下かざり。なくても可)
こねぎ……少量
スナップエンドウ……少量

>> 作り方

すべての材料を切って、Ⓐを加えて土鍋で炊くだけ。
白米の場合は、加熱８分ですが、炊き込みごはんは強火で15分ほど火にかけます。

手羽先はビールのおつまみにピッタリ。ポリ袋に手羽先と塩こしょう、小麦粉を入れて揉み、多めの油で皮目から焼きます。両面が焼けたら、合わせたしょうゆ、みりん、砂糖を入れてからめます。汁が少なくなったら火を消し、白すりごまとブラックペッパーをかけて完成。

いい調味料が味を決めてくれる

料理に手間をかけるようになってから、調味料の偉力に気がつきました。料理が苦手だった頃は、調味料は一番安い物を買っていたりと、まったくこだわりがありませんでした。

でも、一度試しにいい調味料を使ったら元に戻れなくなったのです。

質のいい調味料は味がとても濃い。素材の味をきちんと引き立てるのに、調味料の風味はちゃんと出る。

お値段は高いけど、少しの量で味が決まるので、結果的にコスパがいいのでは？と感じます。

質のいい調味料は添加物が入っていないので安心できますし、一升瓶で買えばお得です。

昔ながらの手間がかかる製法で、ずっと変わらない味を作り出してくれる企業に感謝を込めて、これからも買い続けます。

>> 味の母

我が家には料理酒がありません。この「味の母」は、みりんの旨味とお酒の風味をあわせ持った調味料です。１本で２役の効果があるので、コストも収納スペースも節約できます。

>> 井上古式じょうゆ

レシピ通りの分量で調理すると、しょっぱくなるほどとても濃いしょうゆ。素材は国産丸大豆、国産小麦、食塩のみ。じっくりと天然醸造でかもされた香り高く滋味深い味わいが特徴です。

>> 油類

基本的に、油はオリーブオイル、ごま油、菜種油の３種類。石油製品を使っていない安全なオイルを買うようにしています。

紙に包装された形で販売されています。

>> 千鳥酢

まろやかな味わいが特徴の酢。酢特有のツンとした香りがないので自己主張がなく、料理にさりげなく取り入れることができます。千鳥酢にしてから積極的に酢を使うようになりました。

甘酢でつけたカラフルピクルスの中身は、ミニトマト、キュウリ、カラフルピーマン、セロリ。

>> 甘酢

500mℓの保存瓶で作る場合、450mℓの酢に150gのてんさい糖を入れて溶かします。たくさん砂糖を使うので、白砂糖よりもてんさい糖などの体にやさしい物を選ぶことをオススメします。

簡単便利な常備タレ

普段の料理はなかなか時間をかけることができないので、常備タレに頼ることが多いです。タレを使うだけで、いつもの料理がワンランクアップします。

作る手間はありますが、どれも調味料を合わせるだけの簡単な物ばかり。

そして何と言っても、自分好みの味に調整できるのがうれしいです。甘酢と出汁じょうゆは、材料があればすぐできるお手軽調味料なので、まずは一度試してみてください。

すし酢やピクル酢（生野菜を漬けるだけでピクルスができる酢）などを買わなくても、手作り甘酢でほとんど代用することができます。

また、たくさんの調味料を買うよりも質のいい基本調味料を買って自分で作るほうが、材料が明確で安心できます。

>> 塩麹

発酵食品なので、できあがるまでに1週間以上かかりますが保存がききます。魚や肉の味つけ以外に、ドレッシングに入れてもおいしいです。

>> 出汁じょうゆ

出汁昆布1枚、しょうゆとみりんの比率は1：1です。我が家では食卓じょうゆとして、冷奴やお刺身、卵かけごはんなどに使っています。

>> 手作りふりかけ

昆布茶、かつおぶし粉、青のり、炒ったにぼしをブレンダーですりつぶすだけで完成。分量はお好みで。

>> ポン酢

柚子の絞り汁と酢を1：1で混ぜた柚子酢200㎖に、出汁昆布1枚、味の素大さじ1、しょうゆ200㎖を入れ、1カ月置いたら食べ頃。

凍らせたゼリーやブロッコリーなどは保冷剤代わりになります。左は私用のお弁当。右は子ども用。

毎日のお弁当は3分で完成する物に

自家製冷凍食品や常備菜があれば、お弁当は3分で完成します。

子どものお弁当は頻度が少ないので少し手間をかけてリクエストに応えますが、私が会社で食べる自分用のお弁当はすごく簡単な物です。自家製冷凍食品も常備菜もわざわざお弁当のために作るのではなく、日々の食卓のおこぼれをお弁当に詰めているだけなので、かなりハードルは低め。

お弁当生活を続けるには、簡単・お手軽・おいしいが一番！

毎日食べても飽きないポイントは、バランやカップを使わないことかもしれません。

仕切りたいときは、大葉やサニーレタスなどを使いますが、隣り合うおかず同士が混ざって新たな味になるのがおいしかったりもします。

>> 電子レンジ対応のわっぱ

わっぱは、ごはんの水分を吸ってくれるので、おひつ代わりになります。晩ごはんで炊いたごはんの残りを詰めておき、職場のレンジで温めて食べます。

>> お気に入りのお弁当包みと箸

包みはお気に入りの物を2つだけ。ハンカチにも使える物をチョイスしています。お箸は、旅行のときに買った思い出の品。

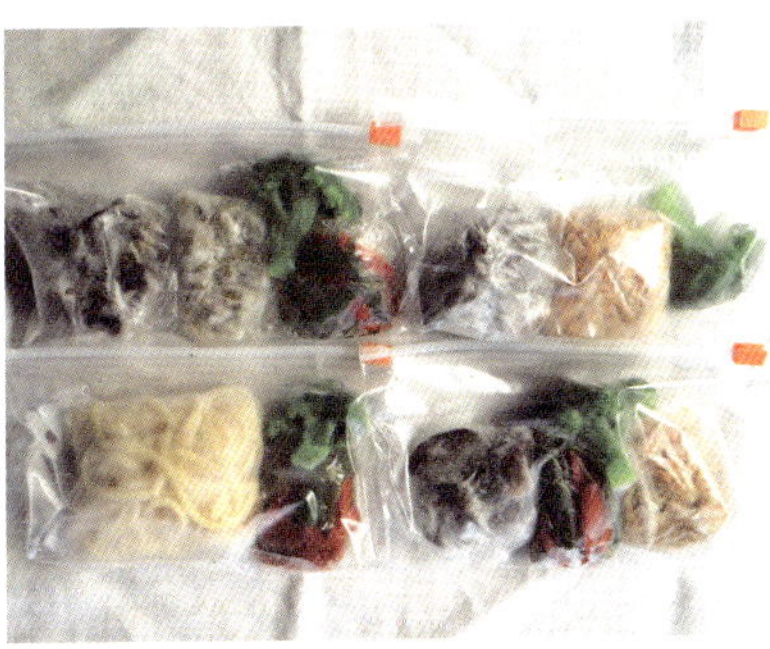

>> お弁当用のストック

お弁当を少しでも早く作れるように、我が家では余った晩ごはんの残りや常備菜をラップで包み、3～4種類ジッパー袋に分けて入れ、冷凍庫で保存しています。お弁当が必要な日の前日に、袋を冷蔵庫に移して自然解凍し、朝必要な物をお弁当箱に詰めるだけで完成です。

>> 琺瑯《ほうろう》の保存容器をお弁当箱に

子どもの運動会のときは、お弁当箱として活躍してくれます。琺瑯は熱伝導率が高いので、夏場は冷蔵庫に30分ほど入れておくだけで、かなり冷たくなります。

自家製シロップで最高に贅沢なティータイム

＞＞ 梅シロップ

6月限定で出回る青梅。氷砂糖1Kgと同量の青梅を瓶に交互に重ね入れ、毎日瓶を揺すって2〜3週間すると完成します。

私が自家製ジュースを作るのは、材料や分量を自分で決められるからです。

自分でジュースを作ると、使うお砂糖の量に驚きます。コーラのような一般的な市販の500㎖の炭酸ジュースには、角砂糖が10個ほど入っているのをご存知ですか？

だからこそ、自分で作るときはお砂糖にもこだわりたいと思っています。

ただし、白砂糖をとりすぎると体内のカルシウムが失われていきます。炭酸飲料を飲むと骨がとけると言われたりするのはこのせいです。

そこで我が家では白砂糖ではなく、てんさい糖を使っています。

白砂糖はカラダを冷やしますが、てんさい糖はカラダを温めます。

また、オリゴ糖が多く含まれているのでお腹にもやさしいです。

>> しそシロップ

夏限定で出回る赤じそ。大きな鍋にしその葉と水と砂糖を入れて煮詰め、仕上げにクエン酸を少し入れて完成。冷蔵庫で保存すれば半年ほどもちます。

>> レモンジンジャーシロップ

すりおろししょうがと水と砂糖を煮詰め、冷ましてからキッチンペーパーなどでこしたあと、レモンの絞り汁を入れて完成。保存瓶にスライスレモンを入れると、見た目にもきれいです。

>> 番茶用ポットセット

家族がいつでも自由に飲めるように常備しています。コップを隣に置いておけば、子どもたちが勝手に飲んでくれるので、いちいち「ママお茶」と呼ばれずに済みます。

離乳食の時期も離乳食をわざわざ作るのではなく、肉じゃがや麻婆豆腐などの味をつける一歩手前で取り分けて、スプーンで潰した物を食べさせていました。

子どもの好き嫌いをなくす方法

我が家の晩ごはんは、大人向けの料理が中心です。ですから普段の食卓には、地味な和食が並ぶことが多くなります。

そのせいか、子どもがまったくおかずに手をつけてくれないこともあります。

しかし、最初は食べてくれなくても、大人がおいしそうに食べているのを見慣れるうちに、だんだん食べてくれるようになってきます。

「大人がおいしく食べること」が子どもの好き嫌いをなくす一番の方法のように思います。

どうしても食べてくれないときは、自家製ふりかけをかけたごはんと、具沢山のお味噌汁を食べてくれればそれでいいと割りきるようにしています。

メニューを子どもに合わせないほうが、お母さんも手間がかからず疲れないように思います。

新鮮野菜や果物は絶好のおやつ

実家はナス農家。月2回ほど採れたての野菜や果物が送られてきます。どれも両親が作った自信作なので、安心して子どもに食べさせることができます。

採れたては甘いので、洗ったり茹でるだけで十分おいしく食べられます。

私の幼い頃のおやつといえば、おばあちゃんが握ってくれた味噌おにぎりやキュウリ丸かじりでした。

今まで大きな病気も持病もないのは、子どもの頃の食生活が少なからず影響しているのかもしれません。

>> キュウリ丸かじり

実家で採れたキュウリは、そのまま丸かじり。サラダに入れるよりも、素材の味をそのまま楽しめるダイナミックな食べ方のほうが子どもウケします。ディップは味噌。

>> お風呂でフルーツ

あったかいお風呂で冷たいスイカ。お風呂で食べると幸せな気持ちになり、自然と笑顔が増えます。

Chapter 3

手入れがラクで料理したくなる台所

キッチンは基本的に「しまう」収納です。理由は、出しっ放しにすると、油ハネなどですぐに汚れるから。

使うときだけ出して、すぐしまうことで、物が汚れず、いつも清潔に保つことができます。

また、作業台が広いと、料理がしやすいので、いつもこの状態から始められるように、すっきりさせています。

ここからは、使い勝手のいいキッチン作りの工夫をご紹介します。

円形の８連フック。円形のフックは横に場所をとらないので、狭い家では使いやすいと思います。

「吊す」収納で使い勝手よく

キッチンツールは洗ったあとにすぐ拭いて引き出しにしまえればベストなのですが、調理中は出番が続くので、なかなかそうもいきません。そこで、シンク上に洗い終えたキッチンツールを吊し、この場所で自然乾燥させながら次の出番を待ってもらっています。

キッチンツールは形が複雑で拭きにくい物が多いので、できるだけシンプルな形で乾きやすいステンレス製の物で統一しています。

ボールとザルの収納場所も、我が家ではシンク上が定位置。

お米を研ぐときや野菜を洗うときに使うことが多いので、シンク上に吊していると作業がスムーズに進むのです。

まな板も洗ったら、すぐここに置いて自然乾燥させています。

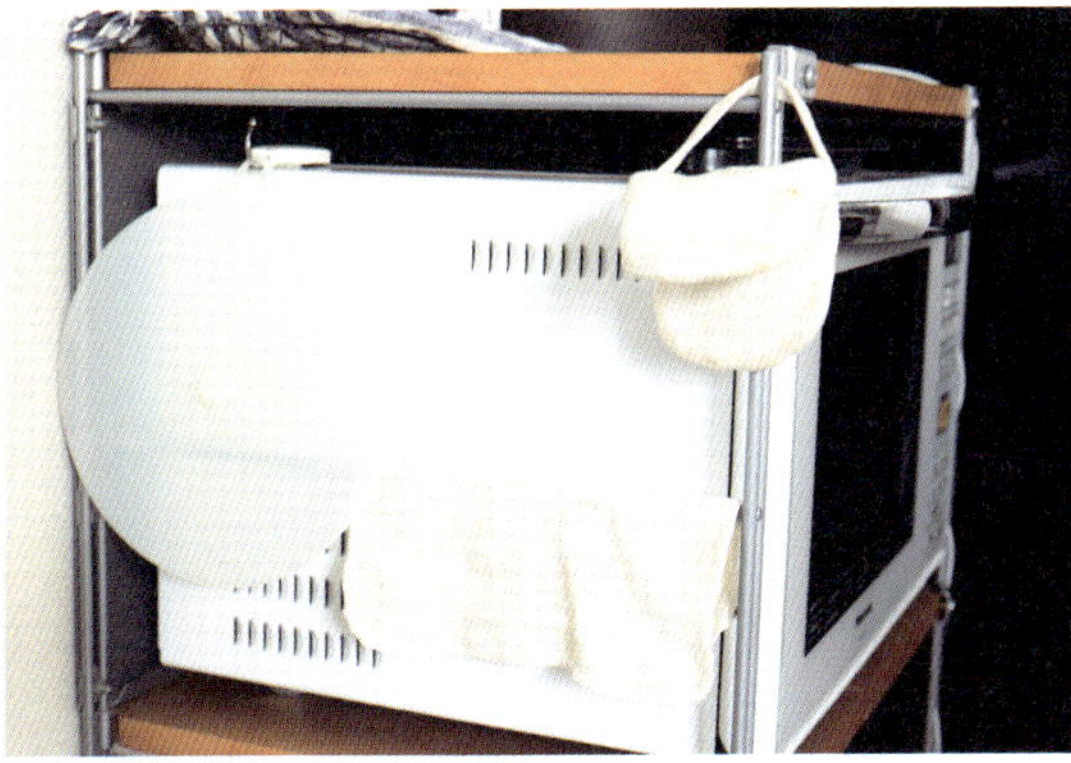

>> レンジ周り3点セット

ラップがいらないレンジぶた（左側）と、鍋つかみ（右側）は、レンジで使う物なので、レンジにマグネットつきフックを取りつけ、掛けて収納しています。

ラックに掛かった和紡布は、食器洗い用。使用後、シンク後ろのこの場所で自然乾燥させています。

マグネットつきフックは、収納の面では便利ですが、オーブンを使うと熱くなるので注意が必要です。

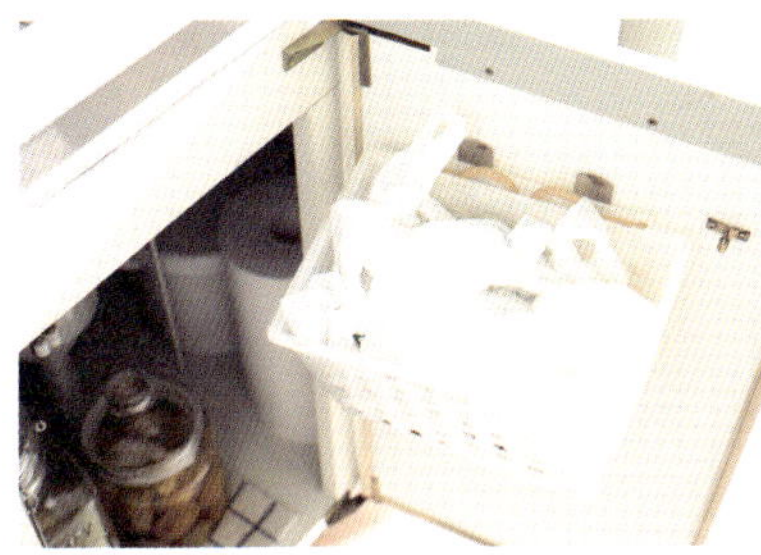

>> ゴミ袋はシンク下の引き戸裏に

シンクで出る生ゴミをサッと捨てられるように、シンクのすぐそばにレジ袋の収納場所を作りました。ここがいっぱいになっていたら、なるべくエコバックを使ってレジ袋をもらわないようにしています。

>> コンロ脇には鍋アイテム

鍋敷きや鍋つかみは調理しながらすぐ使えるように、コンロのすぐそばに掛けています。ここでも、マグネットつきフックが活躍。

>> 手拭きはシンク下に引っ掛けて

子どもが手を拭く場所なので、引っ張ってもずれないように洗濯ばさみで止めています。

毎日洗うので、交互に使えるよう同じ手拭きを２枚持っています。

土鍋、ステンレス鍋2つ（16cm、20cm）、深フライパン（22cm）がすべて（16cmの鍋は鍋ぶたの下に隠れています）。この4つで我が家の料理ができています。ティファールの取っ手がとれるシリーズはコンパクトで優秀。汚れが目立たない色で揃えています。

ザルやボールを1つしか持たない理由

我が家にある物はすべて現役。使っていない調理道具のために収納スペースを使うなんてもったいないですし、それらを持っているがために頻繁に使う物が取り出しにくくなるのも本末転倒だと思うのです。

結婚したて、長女が生まれたてのときは便利グッズに踊らされて、いろいろチャレンジ買いもしましたが、使いにくくて使わなくなったり。

結局、調理道具を厳選して使う物だけを持つようにしたら、道具選びを迷わなくなったぶん、料理をするときの効率がグンと上がり、スピーディに作れるようになりました。

キッチンツールは1種類につき1つしか持っていません。頻繁に洗いながら調理しないと先に進まないので、そのつど洗って使っています。おかげで最後の後片付けがラクになりました。

>> キッチンツールはこれで十分

キッチンツールは最低限しか持ちません。しゃもじは、フライ返しやマッシャー代わりにも使っています。

>> 包丁は1本を大切に使う

包丁とパン切りナイフを1本ずつ。切れ味が悪くなったら、夫に研いでもらいながら、1つの包丁を大切に使っています。オールステンレスだと、すぐに乾くのでお手入れもラクチンです。

>> ボールが計量カップ代わり

計量カップは持っていません。容量がわかっているマグカップやボールの目盛りで代用しています。

>> 取っ手つきザル&ボール

ザルもボールも各1つ。足りないときもありますが、大皿で代用したり、数品作るときも片付けながら作れば1つずつで十分足ります。

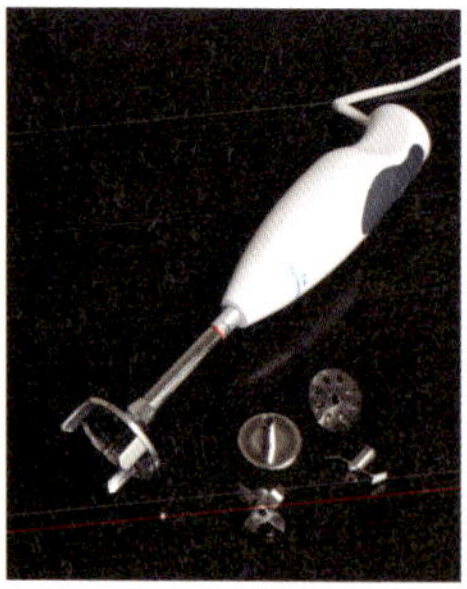

>> ブレンダー

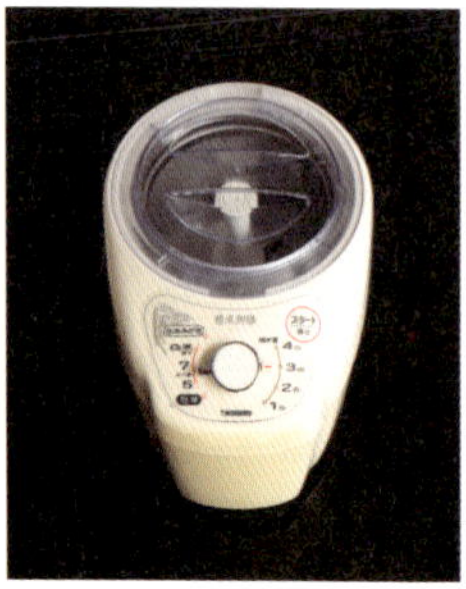

>> 精米器

>> 冷蔵庫と電子レンジ

炊飯器の代わりに精米器のある台所

我が家のキッチン家電は冷蔵庫、オーブンレンジ、ブレンダー、精米器のみ。

家電は大きい物が多いですが、なるべくコンパクトに暮らしたいので、冷蔵庫は271ℓとかなり小さめ。そして調理家電は、多用途に使える物を選んでいます。

オーブンレンジでパンを焼くのでトースターは持ちませんし、様々な調理がブレンダーで済むのでミキサーやフードプロセッサーは買いません。

ただ、我が家の場合、実家から玄米のままお米をもらい、こまめに精米しているので、精米器は欠かせません。

精米したてを炊飯器を使わず、土鍋ごはんでいただく贅沢！ 最高においしい状態のごはんを日々いただいて満足度を上げています。

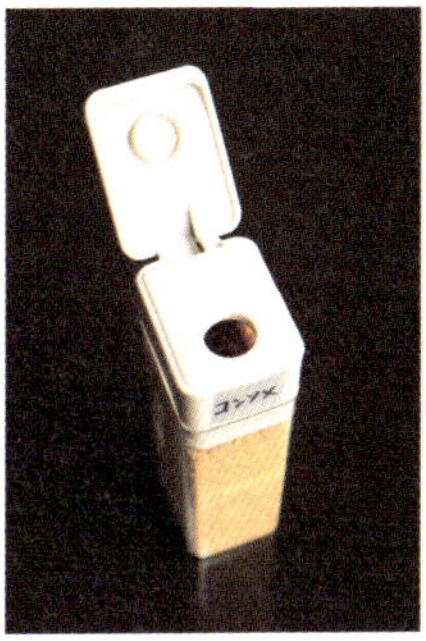

冷蔵庫の引き扉の最上段には卵、粉末調味料、箱入りバターを立てかけて収納。２段目には、液体調味料を収納しています。
中身が見えて、洗いやすく、清潔に保てる容器を選んでいます。同じ容器でそろえると、見た目もすっきり。
（左上写真）液体調味料は、こぼれにくいキャップつきの小瓶に。
（左下写真）粉末調味料は、片手で開けやすいキャップつきのボトルに。

調味料は一升瓶で買って詰め替え容器に

しょうゆ、みりん、酢などの基本調味料は、こだわって良質な物を使っているので一般的な商品より割高です。そのため、少しでもお得な一升瓶を購入しています。

ただ、調理時にわざわざ一升瓶を持ち上げて鍋にしょうゆを入れるのは大変な作業なので、使いやすさを考えて小瓶に詰め替えています。

また、よく使うコンソメやごまは、ふりかけ用のスリムボトルに詰め替えています。

詰め替える行為がかえって面倒そうに思われるかもしれませんが、一度詰め替えてしまえば料理をするたびに片手でスムーズに出し入れできるので、先にしておいて損はない作業です。

その際、コンソメなどは固形ではなく粉末を買うのもミソ。買うときに自分なりのルールを作れば調理時の工程がとてもラクになります。

冷蔵庫はケース、冷凍庫は保存袋で整理

我が家の冷蔵庫はコンパクトですが、サイズのわりに冷凍庫が大きめです。あえて大きい物を選びました。

週末にまとめ買いをして1週間分の食料を半調理してから冷凍庫にしまうので、大容量でなければ入りきりません。

逆に言えば、常温野菜と冷凍庫をうまく利用すれば、冷蔵室はコンパクトでも案外大丈夫なのです。

いちごやブルーベリーなどのフルーツを冷凍庫に入れておけば、アイス代わりのおやつにもなり、子どもたちも喜びます。

>> 冷凍庫は3段式

(上段) 子どものおやつ用のシャーベットなどを凍らせています。右手奥の白い容器は残った白米。

朝・昼用

(中段) しその実や山椒の実、柚子の皮などを保存袋に入れて冷凍保存。朝ごはん用おにぎりの具やお弁当セット、パン、いちごやブルーベリーなどのフルーツも入っています。

夜用

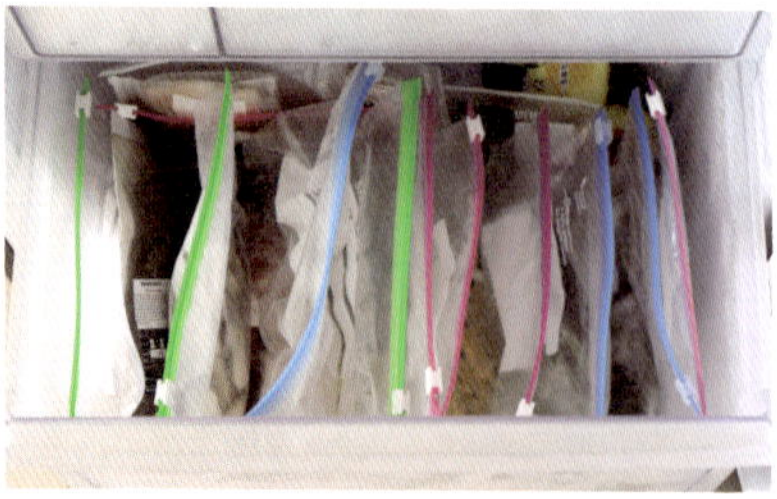

(下段) 半調理したお肉、晩ごはん用お味噌汁セットなど。

>> 保存袋は最後まで使いきる

使用後の保存袋は、調理中に出た生ゴミを入れるゴミ袋として使ってから処分しています。

冷蔵庫の最上段には、ぬか漬けなどの常備菜を収納。買ってきたミニトマトを水洗いして保存容器に移し替えておくと、使いたいときにすぐ使えて便利です。

大葉はアルミ容器に入れて保存しています。大葉の茎に水で湿らせたティッシュを巻いておくと、ティッシュを何回か変えるようにすれば、10日ほど日持ちします。

チルドルームの右手には味噌を入れています。味噌は2種類あり、味噌汁の具材によって使い分けています。その下の野菜室に野菜が入りきらない場合は、常備菜を作って加工してしまいます。

保存容器ごと食卓に出してもまったく違和感がありません。

野田琺瑯《ほうろう》とIWAKIの容器がお気に入り

保存容器は、野田琺瑯とIWAKIの物を持っています。見た目が好きというのもありますが、2種類ともすごく優秀。

野田琺瑯のホワイトシリーズは、このまま直火にかけることが可能。オーブンにも入るので、お菓子作りの型にしたり、寒天ゼリーを作って冷蔵庫で冷やしたり、使い方は自由自在。臭いうつりもしないので、ぬか漬けの容器にもしています。

一方、IWAKIのパック&レンジは、フタをしたまま電子レンジにかけることも冷凍もできる優秀な容器。ガラスなので、冷蔵庫に入れておいても何が入っているか一目瞭然。常備菜はガラス容器に入れておくことが多いです。

どちらの容器もおしゃれなので、そのまま食卓に出せるから洗い物も減らせます。

>> パスタ容器

パスタのストックは必ず置いておくようにしています。ガラス容器は､袋のままより密封でき、残量がわかるので重宝しています。

>>IWAKIのパック&レンジ

大中小のサイズを使い分けています。大は洗ったミニトマトや茹でたブロッコリーなど。中は主に常備菜。小はタラコや刻みネギを入れて。

>> 小麦粉・片栗粉容器

小麦粉・片栗粉は使用頻度が低めなので、毎回この容器に入る少量サイズを買います。こぼれないように蓋がしっかり閉まる物をセレクト。

>> 出汁パック・麦茶パック容器

どちらも１日に１パック必ず使うので、スムーズに出し入れできる容器を選びました。市販の１袋が入りきる大きさもポイント。

シンク&コンロ下をとことん使いやすく

狭い我が家はシンク下収納がとても貴重です。

動線を大切にしたいので、扉を1つ開けば関連アイテムがすべてそろっている状態を目指しています。

たとえばリビングに一番近いシンク下の扉には、掃除グッズが入っています。掃除をするときキッチンの水道を使うので、一番近い場所にしまうと使い勝手がいいのです。

>> 調理台の下（シンク側）

3段式の収納ケースを入れて、上段に乾物、中段にお弁当グッズ、下段にブレンダーなどの調理器具や普段使わないカトラリーを収納しています。

>> シンク下

米を研ぐときの取り出しやすさを考えて、米びつはシンク下に。コの字ラックを使って、上の空間には掃除道具を収納。

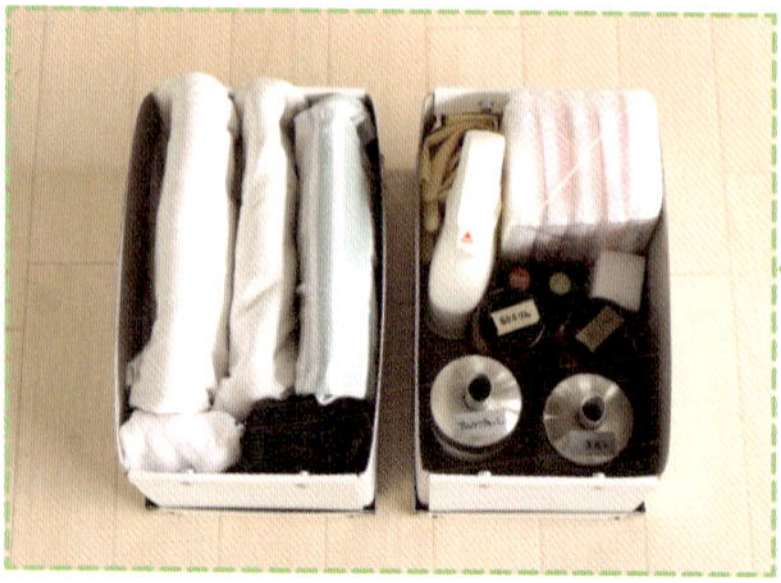

>> 掃除グッズはケースで区分

左側には、拭き掃除用のウエスにする予定の着古したTシャツや靴下。

右側には、スポンジのストックやゴム手袋、塩素系・酸素系漂白剤、エッセンシャルオイル、メラミンスポンジ、クエン酸、粉石けん、アルカリウォッシュが入っています。

調理台の下には、乾物やお弁当箱など料理に関係する物と、大量の水をしまっています。

ストックを買うときは、味や産地も重要ですが、収納場所をとらないパッケージかどうか、食べ終わったあと処分がラクかどうか、トータルで考えてベストな物を買うようになりました。

収納スペースが限られているからこそ、それに見合った商品を見つけて選んで買う。

そんな小さな努力が、日々の生活をよりスムーズにしていくと思います。

>> コンロ下

フライパンや鍋類は、空間をムダにせず、コの字ラックを使って重ねて収納。

>> 調理台の下（コンロ側）

災害時を想定し、ミネラルウォーターをストックしています。飲料用にはもちろん、お米を炊くときや、お茶を作るときにも使っているので、ガスコンロと冷蔵庫の一番近くに置いています。

>> 毎日使う物だけ引き出しに

よく使う道具は、ケースを使ってシーン別に収納すると使いやすいです。手前の一番左から順に、キッチンツール、保存用バッグ、カトラリー、サランラップ。奥の一番右から、つまようじ、じょうご、スライサーの歯。

>> ストックは かさばらない物を選んで

(写真右) たとえばトマトの水煮。以前は安いからという理由で丸い缶を買っていましたが、今はもっぱら紙パックです。長方形だからきれいに収納場所に収まるし、捨てるときは燃えるゴミの日に出すことができます。

同じ理由から、粉チーズやメープルシロップも、なるべくパウチの物を買うようにしています。

フル活用する食器だけを少量持つ

我が家にある食器類はこれがすべてです。上の写真の丸で囲んだ子ども用のどんぶりとして買った食器は、丼物のほか、麺類やサラダボールとしても使っています。

できるだけ見た目がシンプルで、いろいろな用途に使えそうなこと。そして、スタッキングできる（積み重ねられる）ことも購入のポイントになりました。

実は我が家では、食器をシンク上の作りつけの棚に収納しています。スペースに限りがあって多くは入らないので、できるだけ重ねられる食器を持つようにしているのです。

使用頻度の低い食器は、しばらく様子を見て、使わないようなら処分。

その結果、本当に気に入っている必要な食器だけが今は残っています。

水切りかごが置いてあると、食器が出しっ放しになり、見た目もすっきりしません。かごを置かないようにするだけで、食器を洗ったあと、お皿を放置できないというか、きれいに拭いてしまわなければ…という思考になりました。

水切りかごをなくすとシンクがすっきり

我が家はキッチンが狭いです。

以前は、あたりまえのように水切りかごを使っていましたが、ないほうが作業スペースやシンクが広々使えるので、置くのをやめてみました。

そして、今までお皿拭きをしたこともなかったのですが、張り切ってリネンクロスを買いました。

水切りかごをなくしてからは、食器を洗ってから拭くまでの作業を一気に行う習慣がつき、いつもシンク周りが広々快適。

以前は、山積みになった食器をしまってから調理をスタートさせていましたが、今では、何も置いていない作業スペースから調理を始められるので、とても効率がよくなりました。

扉の裏には、娘からもらったメッセージを貼っています。扉を開くたび目に入ってくるメッセージは、平日ゆとりがなくてキツくなりがちな口調をやわらげてくれます。

砂糖や塩こしょうは、あえて戸棚にしまう

砂糖や塩こしょうは、調理台の上の棚に収納しています。油ハネから守るためです。

我が家では、あらかじめ食材に味つけをして冷凍したり、常備菜などを作り置きしているので、ふだんの調理では砂糖や塩こしょうをほとんど使いません。使ったとしても1回ほど。

そのため、上に置いておいても、使いにくさを感じることはありません。

>> 茶さじで湿気対策

この茶さじは吸湿性の高い自然素材、珪藻《けいそう》土《ど》で作られているので、保存容器に入れておくだけで湿気対策になります。容器の中身は、てんさい糖。

台所の使いにくさを解消する知恵あれこれ

作りつけの物や既製品を使ってみて、使いにくいと感じたときは、自分好みにアレンジしたり、使いやすく工夫して使っています。

同じ悩みを持つ方は、ぜひ試してみてください！　一度試してみると、以前の暮らしにきっと戻れなくなりますよ。

>> 排水溝からフタを排除

引っ越してきたとき排水溝についていたゴム製のフタと深型のゴミ受けは使わず、浅型の受け皿を使っています。細かいパンチングタイプなので、ゴミがからまりにくく、とても使いやすいです。フタで隠していないほうが、常にきれいにしようと思えるので、ヌメヌメすることもなく、いつでも清潔な状態を保てます。

>> グリルの受け皿に石をしいて

ガスコンロの魚焼きグリルの受け皿には、たいてい水を入れますが、力いっぱい引っ張ると臭くてベタベタな水がこぼれたりしませんか？　そんなとき、水の代わりに100円ショップで売っている敷石をしけば、めいっぱい引っ張ってもこぼれる心配はありません。石が黒くなるまで何度でも使えます。

>> ラップケースの切り口に一工夫

ラップのカラフルなパッケージが好みではないので、シンプルなケースに入れ替えて使っています。ただ、使うたびにラップが巻き込まれてくっつき、はがすのがとても大変でした。そこで、パッケージの切り口の部分だけを切り取って、ケースの切り口にテープで貼ってみたところ、巻き込みが防止でき、ストレス解消！

アルミの名刺ケースに化粧道具をはめ込んでコンパクトにカスタマイズ。左から、ファンデーション、チーク、パウダーアイブロウ、ブラシ。

ケア用品をシンク周りに集結させて

キッチンは、私が家の中で一番長くいる場所なので、ここにいればすべて事が済むように意外な物がたくさん置いてあります。

たとえば、スキンケア用品と化粧道具はシンク上の棚の中に収納しています。

朝、シンクで洗顔をして、すぐにその場でスキンケアとメイクができるようにするためです。

我が家の洗面台は浴室の中にあるので、おのずと洗顔や歯磨きにはキッチンの水道を使うようになりました。

というわけで、歯ブラシもシンクの後ろに置いています。

子どもたちも、まだまだ仕上げ歯ブラシが必要な年齢。キッチンの近くにいつも私がいるので、すぐに仕上げをすることができます。

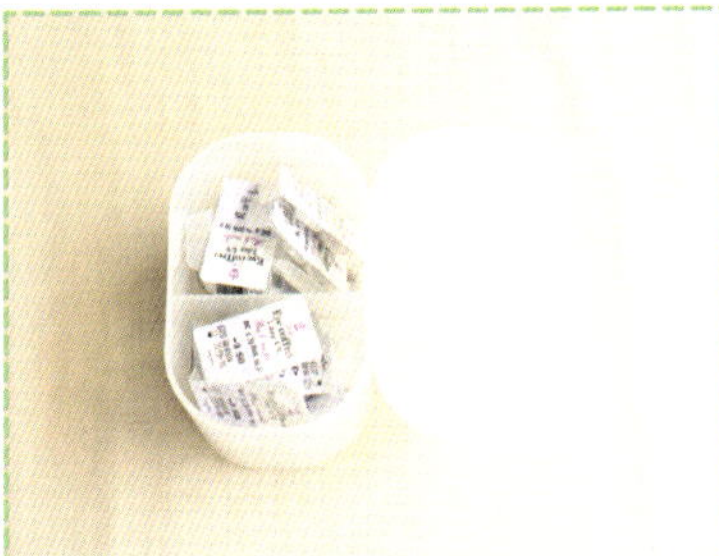

>> 左右で分けると使いやすい

1DAYタイプの使い捨てコンタクトレンズを、毎朝、使うぶんだけ切り分ける作業はとても面倒です。そこで、あらかじめ切り分けておき、使いたいとき、すぐに取り出せるようにしました。このケースは、もともと綿棒ケースとして売られていた物。中に仕切りがついているので、左右の視力が違う私にはぴったり！それぞれ、ちょうど半月分の量が入ります。

>> コンタクトのそばにメガネを収納

シンク上の棚の中には、コンタクトレンズが入っています。メイクをしたりコンタクトのつけ外し時に使えるように、シンク上の棚の下（丸で囲んだ箇所）には鏡を取りつけています。コンタクトを外したあとは眼鏡をかけるので、眼鏡もシンク上に。収納スペースの問題で、扉の裏にフックをつけて引っ掛け収納しています。

>> 経済的な歯ブラシ

歯ブラシは、ヘッドのみを交換できるタイプを使用。とくに子どもの歯ブラシは、すぐにブラシが開いてしまいます。ヘッドのみの購入だと、ストックもコンパクト。お値段も歯ブラシ1本買うより断然お得です。

>> 化粧道具は使いやすく収納

コンタクトレンズが入ったケースの右隣には、化粧道具を置いています。化粧道具は2段に分かれたケースに収納。ポーチに入れるよりもケースに入れたほうが物を探しやすく、一瞬で使いたい物が取り出せます。上段の浅いケースには普段使う物を。下段の深いケースには、おめかし用やお手入れ用品など、あまり使わない物を入れています。

Chapter 4

狭いからこそ広々暮らせる部屋作り

私の役目は、子どもがのびのびできる空間を作ってあげること。

子どもたちがいつでも自由に遊べることを最優先したら、我が家に大型家具は必要ありませんでした。

物がないと家が広々と感じられ、すっきり快適に暮らすことができます。夫婦で好きな色がダークブラウンなので、その色を中心にトーンを統一することで、より空間をシンプルに見せています。

ここからは、狭くても快適に暮らせる空間作りの工夫をご紹介します。

玄関の壁一面を飾る子どもたちの絵

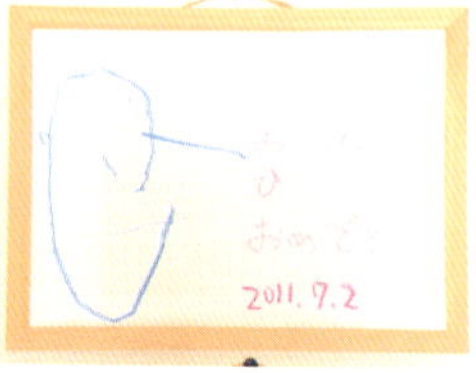

長女が3歳のとき、パパに初めて似顔絵をプレゼントしてくれました。思い出深い作品です。

部屋は極力シンプルを心がけていますが、玄関だけは少しにぎやかです。

我が家の玄関には壁一面、子どもの作品などを飾っています。

理由は、普段生活している場所からは見えないのでカラフルでも気にならないことと、来客があったとき玄関で会話が弾むからです。

靴を脱いだり履いたりしているときは意外と時間がかかるので、会話につながりやすかったりするのです。

飾る作品は1年ごとに見直すようにしています。

子どもの成長を感じられるお気に入りのコーナーです。

廊下に物のない家は広く見える

家に帰ってきたときにきれいな空間が待っていると、心からホッとできませんか？

玄関からリビングへ続く廊下には、あえて何も置かないようにしています。

廊下は、夫や私が会社に、子どもが保育園や学校へ行くために、毎朝必ず通る場所であり、帰ってきたときに必ず通る場所です。

そこがごちゃごちゃしていたり汚れたりしていては、気分よく出かけたり帰ってきたりできないように思うからです。

廊下に何も物がないと、風通しもよく、掃除機も一気にかけられます。

家族が心地よく過ごせるように、すっきりした空間を守りたいと思っています。

「見える」キッチンは何も置かないのが鉄則

キッチンは一番物が多いので、荒れやすい場所。だからこそ、意識してきれいに保つ努力をしています。

以前は、小さな観葉植物や雑貨をカウンター越しに置いていたのですが、掃除が行き届かなかったりで撤去。

今は何も置いてないので、すーっと水拭きするだけでいつでもきれいな状態を保てます。

何も飾らない代わりに、実用品はデザイン性がある物を。土鍋とやかんはキッチンのいいアクセントになっています。

また、キッチンマットも撤去。こまめに床拭きするほうが清潔ですし、マットを洗う必要がないので結果的にラク。

これは本当に必要か？余計な仕事を増やす物ではないのか？を常に意識して暮らしています。

ゆっくり子どもの話を聞く帰宅後のひととき

帰宅したときに、ホッとひと息つける空間を作っておいてあげたいという思いから、我が家では、帰宅したら、まずダイニングテーブルで喉をうるおすことを習慣にしています。

これは、飲み物を飲みながら、1日よく頑張ったというねぎらいの時間であると同時に、子どもたちが保育園や学校であった出来事を話すのを私が聞いてあげる時間でもあります。

もし心にストレスや体に疲れを感じていたら、たまる前に少しでも解消してあげたい。母親である私が話を聞いてあげることで、子どもの心と体が少しでもラクになればと思い、ほんの数分ではありますが、この時間を作っています。

自家製ジュースや番茶用ポットセットは、このねぎらいタイムに欠かせない存在になっています。

ダイニングテーブルが我が家の中心

ダイニングにはテーブルと椅子しかありません。

おいしくごはんを食べる場所なので、それ以外は必要がないと思っています。テーブルには何も置きません。食べ終わったらすぐテーブルを拭き、きれいにしておきます。

そんなルールを作ると、家族のみんなが自然と協力してくれます。

床に何も置かないぶん、壁には少し遊び心を持たせて、お気に入りの物を少しだけ掛けるようにしています。

ダイニングの壁には子どもたちの似顔絵を飾っています。写真より温かい感じがして、とても気に入っています。

壁に掛かった時計は、親友からもらった20代最後の誕生日プレゼント。部屋のアクセントになっています。

ふと目をやると、緑がある生活

昔から観葉植物が大好きで、ずっと卓上の小さい物を飾っていたのですが、このウンベラータで大型サイズデビューしました。

もう我が家にきて4年目ですが、すくすく育ってくれています。

もともとはダイニングの隅に置いていたのですが、幼い子どもがいたずらしないようにと、キッチンシンクの後ろにある電子レンジ台の上に置くようになりました。

結果的に、水もあげやすく、目に入る回数が必然的に多くなり、この場所にあるウンベラータが気に入っています。

ふと目をやると緑のある生活は、毎日の暮らしに瑞々しいうるおいをもたらしてくれます。

長女が3～4歳頃から何が好きで何に興味があるんだろうと、いろいろチャレンジさせてみた結果、一番感触がよかった算数の勉強を5歳になってから本格的にやらせてみることにしました。以来、毎日30分程度の勉強をずっと続けています。

子どもの勉強は、親が近くにいる場所で

狭い我が家に勉強机はありません。

長女には親の目が届くダイニングテーブルで、家族の気配を感じながら勉強させています。というのも、彼女の性格からして1人で黙々と勉強できるタイプではなく、誰かが隣で座っていたほうが安心して勉強に励むことができそうだからです。

気をつけているのは椅子と明るさの2つ。

椅子については、姿勢が悪くならないように、細かく調整できるストッケの「トリップ トラップ」という椅子で身長に合わせた高さにしているのと、「スタイルキッズ」という簡易座椅子（P117参照）を併用していることです。

トリップ トラップは高い買い物でしたが、買ってよかったと思える椅子です。

長女が0歳のときに買ったので、もう7年目。

>> 勉強道具は勉強場所のそばに

子どもの集中力は短いので、道具を取りに部屋を移動するだけで途切れてしまいます。そこで、学びのチャンスを逃さないためにも、勉強場所であるダイニングテーブルのすぐそばに引き出し収納を作りました。おかげで、思い立ったらすぐに勉強ができています。

>> 毎日の読み聞かせ習慣

毎晩寝る前に1冊絵本を読み聞かせています。『カラー版 ママおはなしよんで 幼子に聞かせたい おやすみまえの365話』（ナツメ社）は、1日ごとにおとぎ話などの1話が見開きでまとめられているので、読んでいてキリがよくオススメです。

毎日最低3回は座っているので、十分に元は取れたと思いますが、今後もお世話になりそうです。

　次女が離乳食を始めるときも迷わず同じ椅子を買いました。

　子どもの成長に合わせて、長く使えてオススメです。

　照明は白熱灯ではなく蛍光灯にしています。

　食事のときはちょっと明るすぎてムードが出ませんが、ダイニングで勉強をさせている間は、蛍光灯の一番明るい照明を使おうと思っています。

「何もない」リビングなら思いきり遊べる

基本的に、我が家のリビングの床には物を置いていません。

以前はリビングにソファがあったのですが、子どもには思いきり広々遊んでもらいたいという理由で処分しました。

ソファがないと、あたりまえですが、部屋が広く使えます。大型家具がなければ、危なくないので自由に遊べます。

遊んだあとのお片付けも、じゃまをする物が何もないのでラクチンです。

また、床の上に何もないと掃除機がけが非常にラクです。おかげですぐに掃除機をかけようという気になります。

物がない空間に慣れると、いつでもきれいな状態を保とうと思えるので不思議です。

きれいの相乗効果があるのかもしれませんね。

ベッドは空間を占領する大きな物を

我が家のベッドは、200×200㎝のキングサイズ。広々としたベッドで家族4人で寝ています。

実は、2つのベッドをつなげた上に1枚のボックスシーツをかぶせています。

寝相の悪い2人の子どもがいるので、落ちても大丈夫な低めの高さが購入のポイントでした。

1年を通して持っている布団は、羽毛布団、毛布、ガーゼタオル、子ども用のバスタオルが各2枚ずつ。季節に合わせて足したり、引いたりしながら使っています。

シーツやカバーの替えは持っていません。替えがない不安よりも、それらに占領されてクローゼットに物が入りきらないことのほうが私にとってはストレスだからです。

Chapter 5

取り出しやすく、しまいやすい収納

固定観念を捨て、割りきることで、暮らしのムリ・ムダが見えてくることがあります。

本当に必要な物に絞ってみると、毎日がシンプルで快適。その結果、とても生活しやすくなります。

ここからは、生活を見直して暮らしのムダを減らした結果、私が行き着いた収納の工夫をご紹介します。

帽子は暑い時期の必須アイテムですが、子どもは帽子をかぶることを嫌がります。そんなとき、親が、お出かけ時には帽子をかぶるのが普通だよと見本を見せると、かぶってくれることが多いです。

お出かけグッズは玄関にすべてまとめる

靴を履いてから忘れ物に気づき、もう一度脱いだりすると、かなりの時間をロスしますよね。そこで我が家では、玄関先にお出かけグッズを吊り下げています。

出かけるときにバタバタするのが嫌な私なりの工夫です。

次ページ上の手さげバッグとハンドバッグは私の仕事用で、1年中吊しています。それ以外のアイテムは、季節ごとに入れ替えています。

次女の保育園に持って行く荷物は玄関に置いています。名前を書いたおむつをエコバッグに入れて、すぐ持ち出せるように。

>> 私のお出かけグッズ・秋冬

トレンチコートとストールは、寒い時期に欠かせません。

>> 私のお出かけグッズ・春夏

麦わら帽子と日傘、日焼け止め兼虫除けスプレーは必須アイテム。

>> ランドセル置き場は玄関に

ランドセル置き場は、以前まで勉強をする場所であるダイニングでした。しかし、毎日のようにランドセルを玄関に置きっぱなしにして、身ひとつでリビングまで来てしまう娘を見て、考えを改めました。まだ小学校1年生。家に着いたら一刻も早く重いランドセルから解放されたいんだろうと…。そこで、玄関にランドセル置き場を作ってみたところ、ちゃんとこの場所に置いてからリビングに入ってくるようになりました。

引き出しの中には、教科書や図書館から借りてきた本や、学校で必要な物を入れています。

洋服は「ハンガー収納」が断然ラク

（写真左）掛ける収納にするには、衣類を詰め込まないことが大切です。詰め込んでしまうと、衣類にシワがより、着たいときにアイロンをかけないと着られなくなってしまいます。
（写真左下）私の衣類は、ここに入るだけしか持たないようにしています。

洗濯物を畳むという手間は、工夫次第でなくせると思っています。たかが10分程度かもしれませんが、その時間を違う家事にまわせたらいいなと思うのです。

だから我が家では下着や靴下、子ども服の一部以外はすべてハンガー収納。洗濯物が乾いたら、そのままクローゼットに掛けるだけにしているので、一瞬で終わります。

引き出し収納は1ボックス1アイテムで

上の引き出しには、次女のトップス。下の引き出しの手前には次女の靴下、奥にはボトムスが入っています。

我が家では、基本的に洋服をハンガーに掛けているので、掛けられないアイテムだけ引き出しに入れています。収納のポイントは、1ボックス1アイテムのところ。

どこに何を入れるのかが明確なので、子どもも1人で出し入れできます。

引き出しに入るだけしか持たないと決めているので、物があふれて困ることもなく持ち物の管理もしやすいです。

1人で着替えられるように、子どもの手の届く高さに衣類を吊して収納。突っ張り棒を渡して。

子ども服は汚れが目立たない色をチョイス

子どもに自分の洋服を選ばせると、びっくりするようなコーディネートをしませんか？　全部自分のお気に入りを着ようとするので、ボーダー×チェックもアリに…。

そうならないためにも、ボトムスに一工夫。普段着のボトムスは、ネイビーなどのデニム色と決めています。なんといっても汚れが目立ちません。

また、トップスに花柄やボーダーなど、どんな柄を組み合わせても合うので、安心してコーディネートを子どもにお任せできます。

よく観察してみると、子どもは無意識に着やすい服を選んでいます。ウエストがゴムだとか、生地が薄くて涼しいとか…。

その選ぶ理由に、次に服を買うときのヒントが隠れています。

2セット持ちだと収納いらず

驚かれるかもしれませんが、私と長女は下着を2セットしか持っていません。

2セットしか持たないようにすると、着ているか洗濯しているかのどちらかなので、収納場所を作る必要がありません。

独身時代は、週末にまとめて洗濯をしていたので7枚必要でしたが、毎日洗ったほうが汚れ落ちもいいし清潔です。

ただ、洗濯の頻度が高いと消耗も早いので、半年に1回は買い換えるようにしています。使いきったあとに一気にリニューアルするときは気持ちがいいです。

収納スペースが少ない我が家ならではの工夫です。

色違いでそろえると服選びに迷わない

平日は仕事に出かける準備に追われ、おしゃれを楽しむ余裕がありません。

そこで時間短縮のため、あらかじめ季節ごとにコーディネートを決めて、色違いの服を2枚買うことにしました。

すると、朝、服選びに迷わなくなり、準備がぐんとラクになりました。

色違いの服を2枚持つと、洗濯しているか、クローゼットに入っている服しか選択肢がないので一瞬で決まります。

トップスは毎日洗濯するので、コットンやリネンなど丈夫な素材を選んでいます。

私の定番色は、ネイビーとホワイト。

色に限らず自分の中の「定番」を決めておくと、何を買ってもだいたいワードローブに合うので失敗することが少なくなります。

シーンごとに各1アイテムと決めると、バッグや小物をかなり厳選できると思います。

バッグや靴は ベーシックな物を選んで

持たない暮らしを始めるようになって、持ちすぎていたバッグや小物を厳選して減らした結果、自分に合う使いやすい形や色がわかるようになりました。

新しく買うときは、なるべくコーディネートの邪魔をしないベーシックな物を選ぶようにしています。同じシーンで使う物は買いません。

>> 手持ちの品はデータ管理

写真に撮ってアルバムにしておくと、今自分が何を持っているのかが把握できるので、ムダな物を買わずに済みますし、同じ物をまた買ってしまった！といった買い物の失敗を防ぐことができます。

かさばる冬物は最小限に抑える

クローゼットの中で一番かさばる大物といえばコートですよね。厚手のコートは使う時期が短いわりに収納スペースをかなりとります。

以前は厚手のコートを持っていましたが、今はライナー（取り外し可能な裏地）つきのトレンチコート1枚しか持っていません。

野外にいて寒いときは、コンパクトにしまえる薄手のダウンベストをトレンチの中にこっそり着ています。

>> ストールを羽織れば真冬でもOK

真冬はトレンチコートの上に大判ストールを羽織っています。ウールやカシミヤのコートを着ているような感覚なので、とても温かいです。

>> Spring

春は軽やかなワンピースが着たくなる季節。ストールは子どもが寝てしまったときに掛け布団代わりにもなります。基本的に、子どもと一緒なので常にペタンコ靴です。

>> Summer

襟がついていると首元の日焼け対策になるので、夏はTシャツではなくシャツを着ることが多いです。冷え対策にもなる靴下をポイントに。かごバッグに見えるのは、実はレザー素材です。

>> Autumn

秋は朝晩冷えるので、ウールのカーディガンを持って。ベーシックな組み合わせでも、赤をポイントに持ってくるとしまります。子どもと行動するときは両手が空くリュックが便利。

>> Winter

ウール100%のワイドパンツで足元あったか。レギンスを重ねることもできるので真冬でも大丈夫。天然素材100%の服は、温かさが全然違います。化繊が入っている洋服は買いません。

パジャマは持たない

パジャマは持っていません。

半袖と長袖のコットン100%のワンピースを部屋着と兼用しています。

私服でも着れるようなワンピースにしているのには、ちょっと理由があります。

急な来客や牛乳がなくなった…など近所へのちょっとした用事の際、わざわざ着替えなくても、買い物にサッと行けるようにするためです。

季節に合わせて1枚で着たり、カーディガンを羽織ったり。

お風呂から出たらワンピースを着て、朝起きて仕事着に着替えるまでずっと着ています。

ほとんど毎日洗濯するので、朝脱いだら洗濯機の中にポン。

おかげで部屋着置き場がいりません。

きちんと服は1着あれば十分

やぼったくならない上品なシルエットがお気に入りです。

昔は1回の結婚式のたびに1～2万円のドレスを買っていましたが、年齢を重ねるにつれて、安っぽい物はバレてしまうように…。

そこで、少し高価な物を1着だけ持てば十分だと気づきました。

子どもの学校行事、結婚式、七五三、お宮参り、ホテルでの食事など、フォーマルなシーンで着用しています。シルクコットンなので適度な光沢があり、フォーマルな場にもぴったり。

形がシンプルなので、ニットを合わせてカジュアルにも、1枚で清楚にも着こなせ、着回し力抜群です。

ずっと使いたい愛用の小物たち

ここでは、思い入れがあって私が手放せない物をご紹介します。

本当に必要なお気に入りだけに囲まれた暮らしは、毎日が気持ちいい。

1つひとつに愛着を持つことで、ほかに目移りすることなく使い続けることができ、結果的にムダ買いがなくなります。

理由ある物は、日々の暮らしにちょっとしたエッセンスを加えてくれます。

>> 癒やしのコスメ

ジョンマスターオーガニックの洗い流さないトリートメントとリップクリーム。オーガニックのいい匂いに癒されます。

>> トタンの湯たんぽ

昔ながらのトタン湯たんぽのいいところは直火OKなところ。プラスチックより温かさが長持ちします。

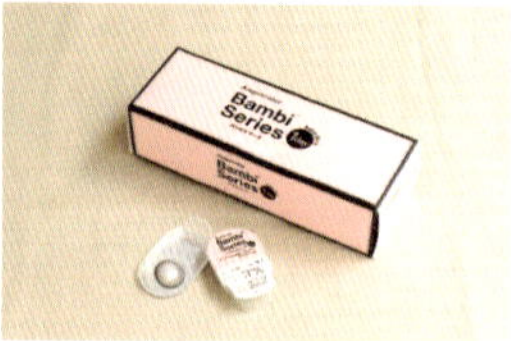

>> ナチュラルなカラコン

30代でもできるナチュラルな色合いが選べるバンビシリーズ。黒目が大きくなり印象が変わります。

>> パールのアクセサリー

成人の日に母からプレゼントされた一生物のパールのネックレスとイヤリング。ケースの中に大切に保管しています。

>> 晴雨兼用折り畳み傘

できるだけ持ち歩く物を少なくしたいという思いから購入。3年越しで、ようやく気に入った柄が見つかりました。

>> 娘からもらったハンカチ

母の日に、長女が夫とこっそり買いに行ってくれたようです。

一見、衣類が掛かっているだけのクローゼット（写真右下）。衣類をどかすと、奥には布団が（写真左）。クローゼット上の空いた空間には突っ張り棒で棚を作り、オフシーズンのアイテムや、ひな人形やクリスマスツリーなどの季節物を箱に入れて収納しています（写真右上）。

オフシーズン物の収納のコツ

クローゼットを開けた状態では主人のスーツやYシャツに隠れて見えませんが、実は奥には、時々泊まりに来る実家の両親用の布団一式を圧縮袋に入れて立てて収納しています。

狭いクローゼットなので、普段使わない物はデッドスペースに収納するようにしています。

ひな人形などの季節物は、一般的な物では大きすぎるので、場所をとらないコンパクトなサイズを選びました。

スーツケースは場所をとります。使わないとき空にしておくのはもったいないので、オフシーズンの衣類収納としても使っています。

常にiPhoneをポケットに入れているので、「あっ」と思った瞬間にパシパシ撮影しています。

月に一度のアルバム注文で写真整理

毎月1冊までなら無料でフォトブックが作れるスマートフォン向けアプリ「ｎｏｈａｎａ（ノハナ）」の存在を知ってからは、毎月一度、忘れずにアルバムを注文することができています（送料は別途必要）。

写真を20枚まで入れることができるので、たくさん撮りだめをして、毎月注文するときにベストショットを選んでいます。

写真にコメントも書けるので、成長記録としても使うことができます。

私のｉＰｈｏｎｅの中にデータとして残していても、私以外の家族は見ることができません。でも、こうしてアルバムに残すことによって、自由にいつでも見ることができます。

子どもたちのため、というより自分の宝物としてずっと残していきたいアルバムです。

ファイリングは子どもが1歳のときからずっと続けています。

子どもの作品は1年ごとにファイリング

子どもが保育園や学校から持ち帰ってくる作品や突然書いてくれたお手紙や絵。

本音は全部とっておきたいですが、紙類はかさばるので、我が家では1学年で1冊、20枚入りのファイルを買って、ここに入るだけを永久保存することに決めています。

他人から見たら紙くずでも、将来子どもが大きくなったときに見たらほっこりしてもらえるような物や、「ママだいすきだよ」という小さなお手紙までいろいろあります。

今見ると恥ずかしいですが、私の母も私の小学校時代の手紙をとっていて、見返すと、こんな字を書いていたんだぁなどうれしい気持ちになります。

忘れがちな、もらった年月日と子どもの名前は、空きスペースに必ず書くようにしています。

Chapter 6

少しの手間で日々きれいを保つ片付けと掃除

持たない暮らしを始めて、掃除が好きになりました。

以前は物を整理整頓することで満足してしまい、掃除まで手が回りませんでした。

しかし今は物が少ないので、すぐに部屋が片付き、掃除というその先の段階まで行けるようになりました。

気づいたときにちょこっと掃除をするだけで、年末の大掃除はいりません。

ここからは、私が行っている片付けや掃除の方法をご紹介します。どれも簡単なことばかりなので、取り入れられるところから始めてみてくださいね。

蛇口の水垢に気づいたら、Tシャツを小さく切ったウエス（P103参照）を滑らせるようにして磨けば、あっという間にきれいになります。気づいたらこまめに掃除するのが汚れをひどくさせないポイントです。

「平日のゆるゆる掃除」と「週1回の集中掃除」

基本的に平日は掃除をしません。

子どもの食べこぼしがひどくてあまりに汚いときは、ダイニングを床拭きしたり、リビングのラグを掃除機がけする程度。

時間があれば、ガスコンロの汚れ落としをします。

汚れたときに汚れた箇所だけ拭き取るようにしているので、キッチン全体は週1回掃除するだけよしとしています。

その代わり、週1回はきっちり掃除します。

まず全部屋の掃除機がけをし、次にいらなくなった布できれいに水拭きします。

最後に玄関の石畳とトイレの床を拭き上げてゴミ箱へポイ。

ベッド下やテレビ周りのホコリを取ったり、換気扇カバーシートを取り替えたりもします。

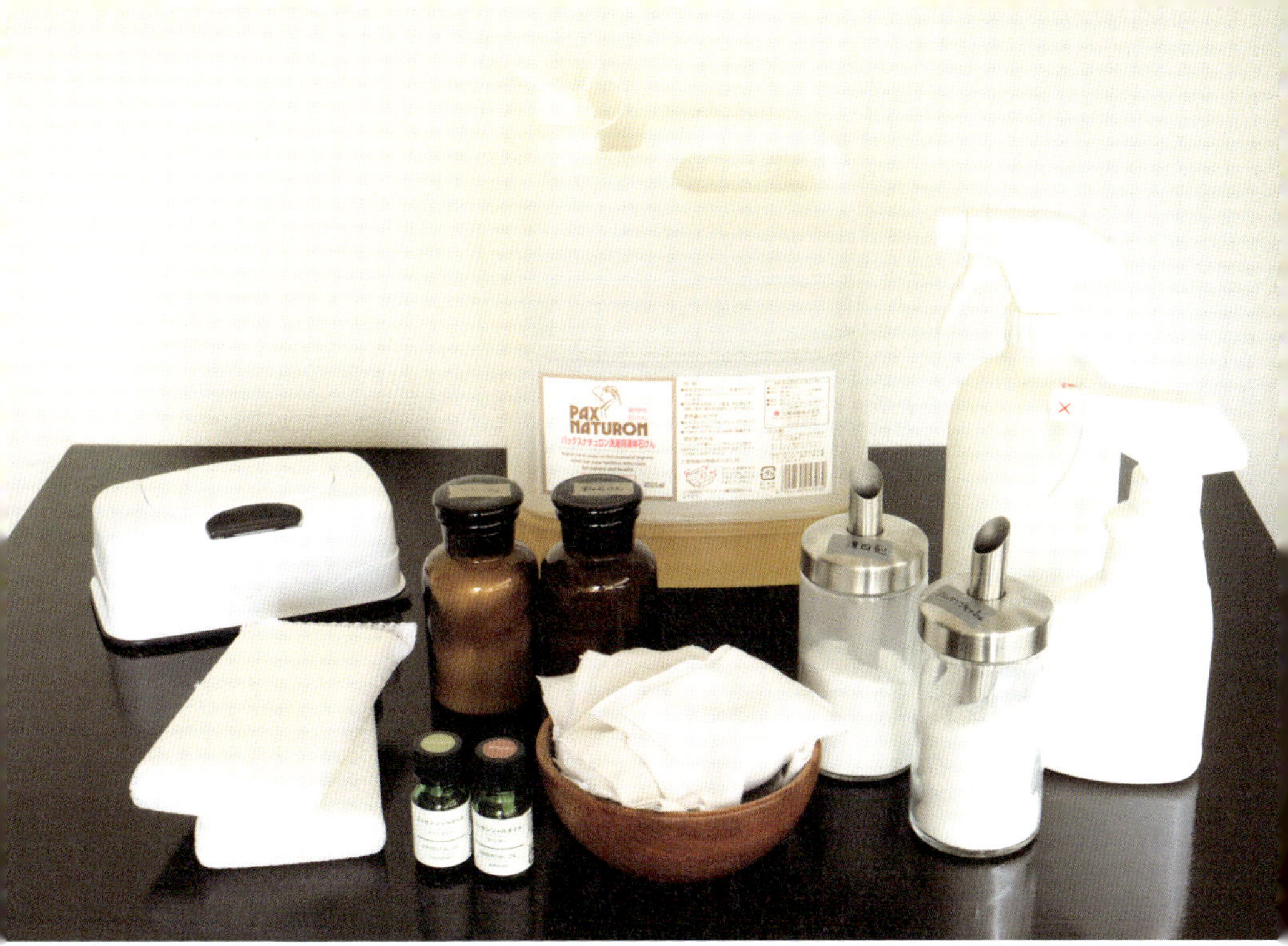

掃除グッズはこれだけ

収納場所が限られている我が家では、お風呂やキッチンなど場所に限定される掃除グッズは買いません。

たとえばお風呂用のカビスプレーと、キッチン用の塩素系漂白剤は、同じ成分だったりします。だから我が家では1つしか持ちません。

ドラッグストアでの買い物は、意外と家計を圧迫しています。なるべくなら1つで何役もこなせる物を買って、出費を抑えたいですよね。

我が家では掃除グッズのほとんどをキッチンのシンク下にまとめて置いています（P58参照）。スペースが限られているので、洗剤もなるべく場所をとらない粉末にしています。

掃除用具を少なくしてからのほうが、便利グッズに頼らなくなったぶん、こまめに掃除をするようになり、部屋がきれいになりました。

我が家には詰め替え容器が全部で3つあり、それぞれをシンク、浴室、洗濯機置き場に置いています。
洗剤が1種類だと、まとめて全部詰め替えられるので手間も少なくて済みます。

1本で8役の万能洗剤

「パックスナチュロン」は我が家では欠かせない存在。なぜならこれ1本で8通りの使い分けができるからです。

①洗濯用洗剤　②ボディーソープ
③洗顔　④ハンドソープ　⑤食器用洗剤
⑥浴室掃除　⑦上履きや靴洗い
⑧靴下など汚れのひどい手洗いの洗濯物

本来の用途は洗濯用ですが、植物油を原料にした高濃度40%の液体石鹸で、化学物質も不使用という理由から、我が家では多用途に使い回しています。

1種類にまとめると、ストックが1本で済み、何種類かの洗剤を買うよりも経済的。

ウールやシルクなどのデリケートな衣類もOKなので、普通の洗濯物と一緒に洗うことができ、洗濯が1回で済むのですごく助かります。

(注)我が家では0歳から使っている次女も含めトラブルはありませんが、肌トラブルを起こす可能性もあります。用途外の使用については、積極的にお薦めできないことをご了承ください。

アルカリウォッシュ水パックは、油汚れのほか、ガラス拭きやシールはがしにもオススメです。

油汚れにはアルカリウォッシュのパックを

基本、キッチン掃除は週1回だけとしていますが、問題はタイルの壁。

料理で油を使うたびに飛び散り汚れます。深いフライパンを使って油が跳ねないように気をつけてはいますが、油汚れは避けられません。

そこで、ティッシュにアルカリウォッシュ水を吹きつけてタイルに貼りつけパック。

10分ほど放置したあと、ティッシュをはがして拭くだけで油汚れがかなり取れます。

ガスレンジフードの油汚れも、アルカリウォッシュ水で落とせます。アルカリウォッシュを水で薄めたスプレーを掛けて少し放置。ブラシでこすれば、すぐにきれいに。

ウールのセーターは靴を磨くのにもってこいです。毛玉ができたらお掃除用として第二の人生を歩ませています。

身につけていた物が掃除道具に変身

汚れが落ちないTシャツ、毛玉だらけのセーター、ゴムが伸びきった靴下など…。

我が家ではそれらを捨てる前にひと仕事させています。

たとえば使い古した靴下。手にはめてテレビなどの家電をなでると、面白いほどホコリがとれます。おかげでホコリ取り用の掃除用具を買わなくて済んでいます。

着古したTシャツは、ガスレンジの油汚れや子どもの口まわりなど、ありとあらゆる場所を拭くのに適しています。

我が家のティッシュ3種類

我が家には、布製のティッシュ、別名ウエスがあります。

ウエスは、ティッシュに比べると、やわらかく肌にやさしいので、子どもの鼻や口元を拭くときに安心して使えます。

それ以外にも、床を拭いたり、窓を拭いたり、使用用途はさまざまです。

使用後は、最後まで使いきった爽快な気持ちでゴミ箱に捨てることができます。

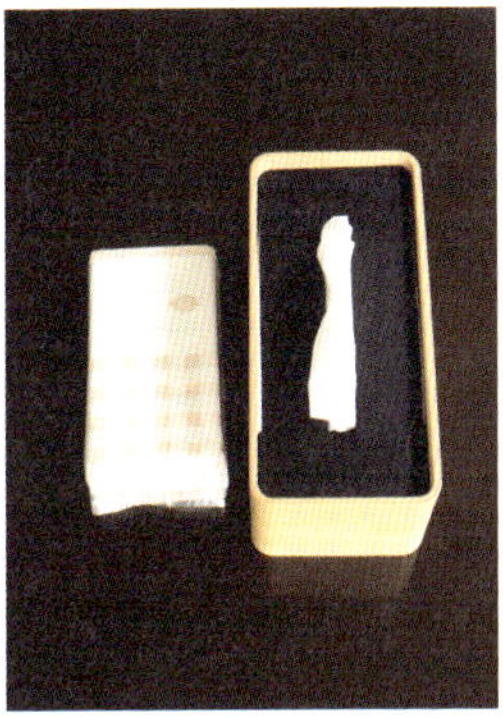

>> ティッシュ

箱なしティッシュをケースに入れて使っています。箱がないので、収納場所もゴミも少なくて済みます。

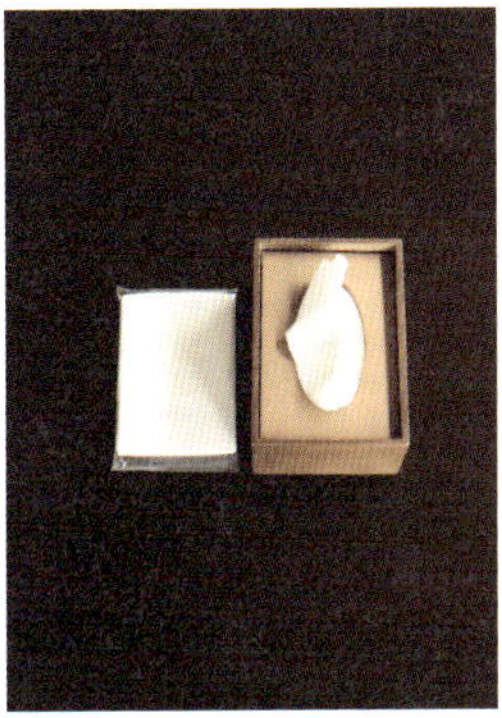

>> ポケットティッシュ

もらってきたらビニル袋から出し、ケースに収納。こうしておけば、ポケットティッシュが散乱せずに済みます。

>> 布ティッシュ(ウエス)

着古したTシャツを切り分けたウエス。(写真右下) 使いやすい大きさに切り分けます。(写真左下) 子どもの肌にも安心。

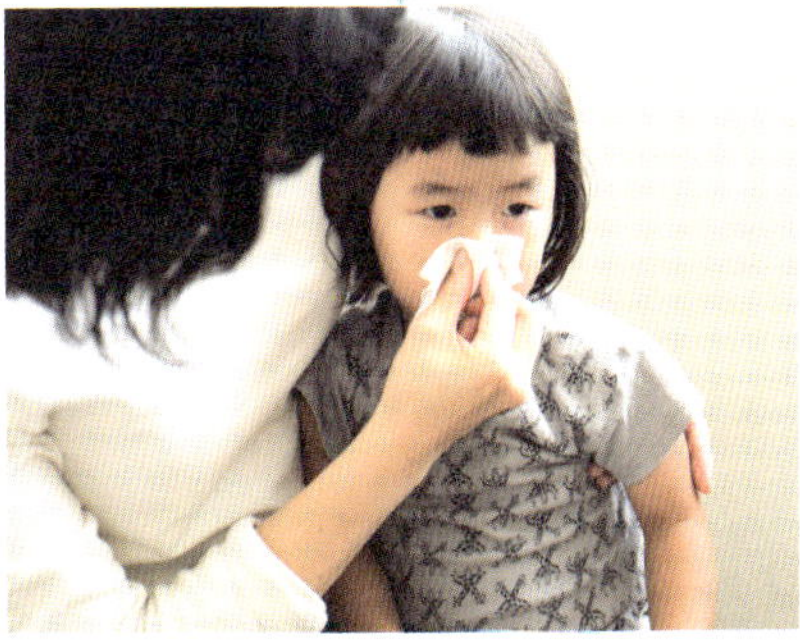

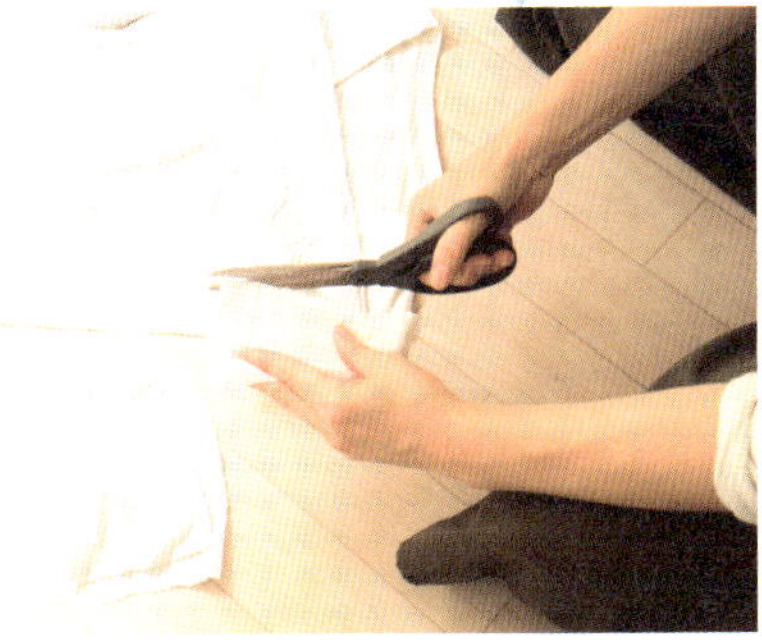

これは燃えるゴミ専用のゴミ箱。缶・瓶・ペットボトルなど分別が必要なゴミは、それぞれ袋に入れてベランダに置いています。

ゴミ箱は1つだけで十分

ゴミ箱は各部屋にあったほうが便利かもしれませんが、後始末を考えると、なるべく少ないほうがラクだと思います。

ゴミを出す日の朝、各部屋からまとめて1つにするのは結構大変な作業です。

だから我が家ではゴミを集める手間を省くため、キッチンに45ℓの袋が入る燃えるゴミ専用のゴミ箱を1つだけ置いています。

そこに置いている理由は、ゴミが出やすい場所だからです。ゴミはキッチンでは結構出ますが、それ以外の部屋ではそんなに出ません。

我が家の間取りは、キッチンにリビングとダイニングが面しているので、ゴミが出たらすぐに捨てられます。

面倒そうですが、慣れればなんてことありません。

日々の暮らしを助けてくれる便利グッズ

ここでは、生活に役立つ便利グッズをいくつかご紹介します。

毎日の生活を助けてくれたり、より快適にしてくれる物ばかりを集めました。

ぜひ参考にしてみてください。

みなさんの暮らしのお役に立てたらうれしいです。

コーヒーかすを芳香剤に

ドリップ後のコーヒーかすをサラサラになるまで干して芳香剤として使用。消臭効果があるので、冷蔵庫、トイレ、洗濯機の排水溝の３カ所に置いています。

ぶつけても安心なクッション

子どもが乳児のとき、キッチンカウンター上の棚の角にクッションをとりつけました。抱っこしながら頭を角にぶつけても痛くないように、という配慮からです。大人でもぶつけやすい、この場所。クッションに何度助けられたことか…。

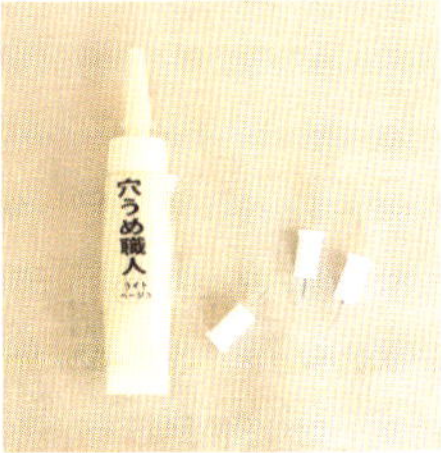

賃貸生活の強い味方

ハウスボックスの「穴うめ職人」は、画びょうで空いた壁穴を埋めて刺した跡を消してくれる便利なアイテム。+d（プラスディー）の「ニンジャピン」は特殊な針で穴が目立ちにくくなる優れ物。

シュガー容器に粉洗剤

アルカリウォッシュや漂白剤は、注ぎ口のついたシュガーシェイカーに入れているので、片手でサッと使えます。横に倒したぐらいではこぼれません。

デジタル時計で時間確認

平日は、キッチンシンク上に設置した時計をいつも気にかけながら作業しています。針もいいのですが、デジタルのほうが瞬時に時間を把握できます。

浴室やトイレではタオルハンガーが大活躍

掃除がよりラクにできるよう、我が家では浴室やトイレの床に何も物を置いていません。

その代わり、作りつけのタオルハンガーに物を掛けて収納しています。

浴室でもトイレでも、タオルハンガーには掃除道具が掛かっています。気づいたときにサッと掃除できるようにするためです。

掃除道具は、使う場所の近くに置くのが一番。

私の性格的に、いちいち掃除用具を別の部屋へ取りに行っていたら、面倒できっと掃除をしなくなると思い、このスタイルになりました。

その場で完結する仕組みは、時短=ラク家事を叶えてくれます。

>> トイレのタオルハンガー

手拭き用のタオル以外に、次女が使う補助便座、掃除用スプレーを掛けて収納しています。

>> 浴室のタオルハンガー

右から順に、洗剤なしで汚れが落ちるお風呂ブラシ、靴洗い用ブラシ、カビキラー、桶を掛けて収納しています。

1つの掃除道具を使い回せばさらにラク

玄関のたたきやトイレの床は、部屋掃除の延長でそのまま掃除機がけをしています。

いつもきれいに保てば、どの部屋もみんな同じ道具と洗剤でOKだと考えています。

1つの掃除道具を使い回すと、小スペースで収納でき、1つの物を持って移動しながら掃除するだけなので、作業効率もよく、かなりラクです。

›› コンロ掃除は気づいたときに

油汚れや吹きこぼれなど、汚れがちなコンロは、3日に1回ぐらいの頻度で食器用スポンジを使ってきれいにこすり洗いしています。

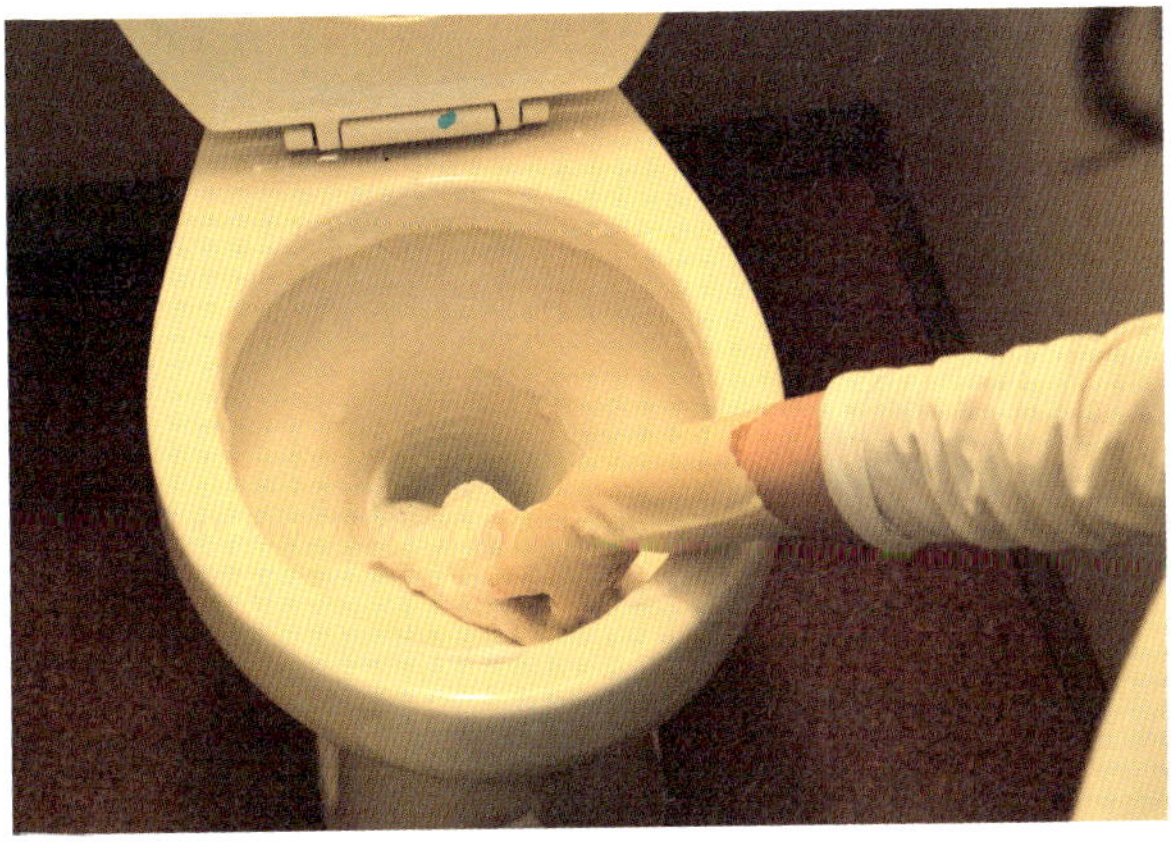

›› トイレブラシがない理由

我が家のトイレには掃除道具がありません。その理由は、食器洗いのスポンジで掃除をしているからです。ガスコンロやシンク、排水口など1週間ありとあらゆる部分を磨いた食器用スポンジは、石鹸をつけてトイレに持って行き、便器を磨きます。その後、そのままビニル袋に入れてゴミ箱にポイ。

洗濯機周りをシンプルにするには

昔は、この場所にもびっしり物があったのですが、必要最低限の物だけに減らしたとたんにすっきり。

ストックはかごの中に入るだけと決めています。多くを持たなくても十分に生活できます。

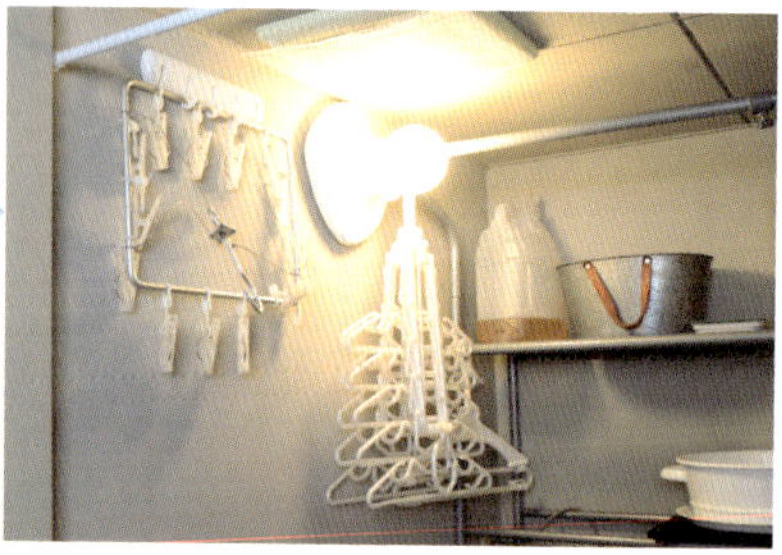

>> ハンガーは掛けてからまり防止

角型ハンガーは2つ持っています。2つを隣同士に置くとピンチがからまり、それを外すだけでストレスでした。1つずつ壁に掛ける収納にするようになってからは、からまることがなくなりました。

>> ストックは少なく持つ

かごの中身は日用品のストック。トイレットペーパー、ティッシュペーパー、歯ブラシ、便座カバーの替え、歯磨き粉、トリートメント、粉末の洗剤類。

トイレットペーパーは170mの芯なしロングタイプ。なかなかなくならないので、少ないストックで済みます。

>> マットは掛けて清潔に

使用時以外は、バスマットを突っ張り棒に掛けて自然乾燥させています。これなら湿りがちなマットも清潔に保てます。

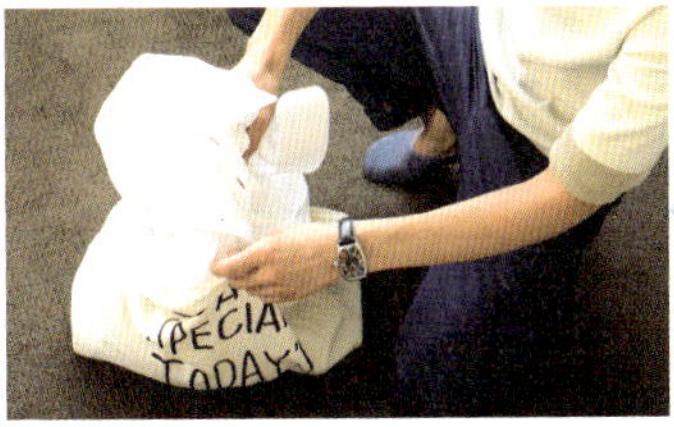

>> クリーニング行きはよけて

クリーニングに出す衣類は、袋に入れて掛けておき、週末クリーニングに出しています。

狭いベランダで上手に洗濯物を乾かす工夫

マンションのデメリットはベランダスペースが限られていることです。

我が家の場合、物干し竿も入らないぐらい狭いので、突っぱり棒を使っています。

たくさん出る子ども用の服は「アカチャンホンポ」で買った「折りたたみOK 10連ハンガー」で一気に掛けます。

角型ハンガーはなるべく風通しをよくするため、中にピンチがない物を選んでいます。

夏の夜は直接外へ。雨の日や冬はエアコンが効いているリビングで部屋干ししています。加湿器いらずですし、湿度が高いと部屋が暖かく感じます。

洗剤は、パックスナチュロンと柔軟剤の2つだけ。臭い対策として、少し高級な柔軟剤を使っています。

>> 夜に干して翌夕取り込み

朝は何かとバタバタするので、我が家では毎日のお風呂上がりに洗濯をして夜干ししています。洗濯物を取り込むのは、仕事から帰宅したあとの夕方です。夜から干せば、だいたい翌日の夕方には乾いてます。着た衣類は、早く洗ったほうが臭いも汚れも落ちやすいと思います。

Chapter 7

暮らしを整え、楽しんでいくために

暮らし方を変えてから家事の効率が上がり、子どもたちと過ごす時間が増えたように思います。

子どもたちは私にとって、かけがえのない存在です。

家事や仕事をしている時間も好きですが、子どもたちと一緒に遊ぶ時間はとても大切で、私の心の癒しになっています。

このかわいい時期をしっかりと目に焼きつけるためにも、一瞬一瞬大切に過ごしていきたいなぁと思います。

休日は近所で家族とゆっくり過ごす

平日は家にいる時間が限られているので、日々時間との戦いです。

でも休日ぐらいは、家族とゆとりを持って過ごしたいと思っています。

きっと家族そろって休日を過ごせるのは、あと数年。

そう思ったら、家族で過ごす時間がたまらなく愛おしくなります。

ふだん仕事をしているからこそ、家族と過ごす時間を大切に思えるのかなとも思います。

子どもが小さいこともあって、週末の遠出は月に1回前後。

あちこち外出するのもいいのですが、基本的に日曜日は遠出をせず、家の中や近所で、いつも通りのゆっくりとした休日を過ごすことに決めています。

>> 買い出しは家族そろって

近所のスーパー「オオゼキ」には、週末、家族そろって買い出しに行きます。食材を選ぶときは、産地を意識するようにしています。1人ではなく家族で一緒に行くと、家族が食べたい物を買うことができたり、夫に荷物を持ってもらえたり、買い物ついでにお散歩ができたりするので、いい気分転換になります。

>> 回収BOXも学びの場に

買い物に来たら、スーパーの回収BOXに足を運びます。資源ゴミをBOXに入れる作業は、子どもが喜んでやってくれます。遊び感覚でゴミの分別を学んでくれたらいいなと思っています。

>> 体を動かしたいときは公園遊び

週末ぐらいしか一緒に体を動かす遊びをしてあげられないので、行きたいと言われたときは積極的に連れて行ってあげます。公園で遊んでいるときの子どもたちの笑顔は最高です。

脱いだ靴をそろえる習慣は、親がしているところを見せているうちに自然と身につきました。２歳になる次女も、もうできています。

子どもにも「お仕事」を任せる

主に家事をお手伝いしてくれる長女には、お手伝いの意味を伝えています。

たとえば、洗濯物を干すときに、ただピンチに挟むのではなく、いったんパンパンして伸ばしてから干せばきれいに乾くよ、シワシワのままの洋服は見ててどう？など、先を見越した状況を教え、その行為がなぜ必要なのかを伝えれば、たいがい1回で覚えてくれます。

一方、次女の場合は、やりたい！と言ってきた場合のみお手伝いをお願いしています。

道具の使い方がわかっているから、やりたい！と言ってくれるわけで、その場合はいったん離れて自由にやらせることにしています。

ダメと言わずに本人のやりたい気持ちを認め、挑戦させることがお手伝いをしたいと思わせる近道だと思います。

>> 野菜を切るお手伝い

キュウリを切るお手伝いは、よくしてくれます。不揃いでも、塩昆布と和えれば立派な浅漬けに。家族が笑顔で食べてくれたら、娘のやる気はさらにアップ。どんなにへたくそでも時間がかかっても、それを大目に見て、見守るゆとりが大切です。

>> 取り込んだ洗濯物を仕分ける

（写真下）洗濯ばさみから洗濯物を外して、持ち主ごとに分けてもらっています。これをやってもらえるだけで、お風呂上がりにスムーズに着替えることができるので助かります。

>> 配膳と後片付け

「ごはんできたよー」と言うと、カウンターに並んだ料理をテーブルに並べてくれます。気分がのらないときは無理してお願いしませんが、基本的に長女の仕事にしているので、自然な流れで運んでくれます。自分が食べ終わった茶碗と箸をシンクまで持ってくることを毎日の習慣にしています。

>> 学校の支度と持ち物管理

自分のことは自分でする。もう小学生なので、次の日の支度も、持ち物の管理も本人に任せています。そのおかげか、自分から必要な物を伝えてくれるようになりました。

スペースが限られているので、おもちゃは入れ子型など収納に場所をとらない物を厳選しています。

「お片付け」までを遊びの区切りに

子どもには幼い頃から、出かける前と寝る前に、必ずお片付けをさせています。

遊ぶときは思いきり自由に散らかし放題ですが、2歳になる次女も進んで片付けてくれます。お片付けまでが遊びだと思っているようです。

子どもをよく観察すると、遊んでいるおもちゃはごく一部。なので、それ以外はこっそり寝室のクローゼットに隠しています。

クローゼットにしまったおもちゃを、時々リビングのおもちゃと入れ替えてローテーションさせると、飽きずにまた遊んでくれたりします。

おもちゃや本は、このスペースに入るだけしか置きません。

テレビに夢中な娘たち。以前は寝転がって見ていたこともありましたが、座椅子を購入してからは、ちゃんと座って見てくれるようになりました。

子どもの姿勢がきれいになる椅子

長女の座っているときの姿勢が気になって、「スタイルキッズ」という座椅子を購入しました。

我が家では、帰ってからお風呂に入るまでの間、椅子に座ってテレビを見てもOKにしています。

テレビを見るときは姿勢が崩れがちですが、スタイルキッズに座らせていると、ほっておいても姿勢を正しく保てるので安心です。

2つ重ねられるのでコンパクトになり、しかも軽いので持ち運びも便利。

座板を調整すれば、ダイニングチェアとして使っている「トリップ トラップ」（P74参照）にもきちんとはまります。

食事をするときや勉強をするときにも、正しい姿勢を覚えさせたいと思っています。

平日夕方のタイムスケジュール

私は今、時短勤務で16時まで働いていて、17時に次女を保育園へお迎えに行っています。

帰宅するのは、17時20分前後になるので、そこからのスケジュールをここではご紹介します。

あくまで一例ですので、取り入れられるところだけ参考にしていただければうれしいです。

子どもたちの行動	時刻	私の行動
次女、保育園から帰宅	17:20	**次女と帰宅** 仕事帰りに保育園へお迎え。
長女、小学校から帰宅 長女には翌日の支度や洗濯物の仕分けをお願いしています。 あとはテレビを見たり姉妹で遊ぶなど。	17:30	お風呂にお湯をためている間に、洗濯物を取り込み、土鍋でごはんを炊くなど晩ごはんの下準備をします。
	18:00	**子どもと一緒に入浴**
お風呂 お腹がすいた子どもへのおやつ代わりに1種類フルーツや野菜を持ち込んで。	18:30	**ドライヤー＆スキンケア**
	18:45	**晩ごはん仕上げ＆盛りつけ**
晩ごはん	19:00	**晩ごはん＆洗濯** 食事中に洗濯機をまわしておきます。
長女、勉強 **次女、お絵描き**	19:30	**夫、帰宅** **夫、ドリル丸つけ**
自由に遊ぶ（20:00～21:00）	20:00	**洗い物＆食器拭き＆キッチン周りの掃除＆洗濯物干し**
	20:30	**子どもと遊ぶ** 基本、夫が約30分しっかり向き合って遊んでくれます。
歯磨き＆お片付け	21:00	**歯磨き＆就寝準備**
就寝 毎晩、絵本の読み聞かせ。	21:30	**読み聞かせ＆就寝** 子どもが寝た後は、夫と２人でお茶を飲みながらホッとひと息つくことも。

週1回の家を整える日

1週間を気持ちよく過ごせるように、日曜日は「家を整える日」としています。

たとえば日用品。洗濯洗剤が残り少なくなっていたら量を足します。中身が同じなので食器洗い用洗剤とボディーソープも一緒に補充します（P100参照）。1DAYコンタクトを補充したり、ウエスを切ったり、1週間分のお米を精米したり、ほつれを縫ったりもします。

また、食品ストックを見て、少なくなった調味料を足したり、忘れがちな乾物を整理して今週作るメニューを考えたり、使いきりたい食材があった場合は、その週の常備菜に使ったり…。

日曜日は、平日なかなか手が回らないことをまとめてやるようにしています。

整える日があると、新しい1週間を快適に過ごせるように思います。

忙しいママのお助けアイテム

子どもがいると、自分にゆっくり時間をかけてはいられませんよね。

自分のことはできるだけ早く終わらせて子どものために時間をさきたい。子どもが走り回ったり、抱っこをせがんできたときに、すぐ対応したい…。

ここでは、そんなママの気持ちに応えてくれるお役立ちアイテムをご紹介します。

小さな子どもがいるママには、とくにオススメ。

＞＞ 時短洗髪料

手早く髪を洗いたいときにオススメの「テラムス エデンの女神」。シャンプーいらずのトリートメント。泡立たないのに汚れをしっかり落としてくれます。

＞＞ 脱ぎ履きしやすいフラット靴

ASAHI Walklandの靴。カンガルーの革を使っているので軽くて丈夫なうえ、紐もゴムなので脱ぎ履きがラク。スニーカー代わりとして使用。

＞＞ 入浴後はターバンを巻いて

ターバンを巻けば、子どもに服を着せている間でも、髪から水が滴り落ちずに済みます。

やっと見つけた、理想の母子手帳入れ

子どもの母子手帳や、お薬手帳や診察券、保険証などは、かさばるので整理に困りますよね。みなさん何に入れられていますか？

我が家の場合は子どもが2人いるので、持ち物も倍になり、収納に困っていました。

そんなとき見つけたのが、2人分の母子手帳が入るこのポーチです。

母子手帳入れとして作られた品ではありませんが、ファスナーを開けると、入れ口が2つに分かれていて、それぞれに分けて入れられます。母子手帳のほかにも十分に物が入るだけのゆとりがあるので、いろいろと入れられて便利です。

深さがあるので、中で長女と次女の物がごちゃ混ぜになってしまう心配もなし。

2人を連れて病院へ行くときも、1つのポーチを持っていけば済むのでラクチンです。

元気の源、睡眠には妥協しない

私は多いときで8時間ほど寝ています。1日の3分の1はベットの中にいます。子どもと一緒に寝落ちすることもあり、9時間ぐらい睡眠をとることも多々あるロングスリーパーです。

よりよい睡眠をとりたくて、今は快眠枕を使っています。1万円以上の高価な買い物でしたが、寝ている時間をお金で考えたら、洋服より枕に投資するほうが今の自分には合っている気がしました。

今の私に必要なのは、毎日の規則正しい生活と、おいしいごはんと睡眠です。

子どもの相手をしていると毎日が体力勝負。体調を崩したからといって、ゆっくり寝込んでもいられません。

自分なりの癒しの術で、いつも元気な母親でいたいと思っています。

キッチンで黙々と調理する時間は癒しのひと時。

そっとお湯を注ぎながら、漂ってくるコーヒーの香りを嗅いでいると、なんだかやさしい気持ちに。
心に余裕があれば、家族にも笑顔で接することができるように思います。

私自身を満たす時間を大切に

夫と話す時間、キッチンで料理を作る時間、職場で過ごす時間、通勤時間など、子どもといる以外の時間も大切だなぁと日々感じています。我が家の場合、夫は育児に協力的。それだけでずいぶん心にゆとりが持てます。

夫は子どもと触れ合う時間を大切にしていて、よほどの用事以外は、仕事を早々に切り上げ帰ってきます。自分が手いっぱいなときは遠慮せず、夫に任せて頼るようにしています。

また、長女が1歳のときからお世話になっている信頼できる保育園の存在も大きいです。育児の悩みを相談できる大切な場所です。

こうした任せたり的確なアドバイスをもらえる存在を周りに作っておくことが、心のゆとりには大切な気がします。そのゆとりが、ていねいな暮らしにつながるのだと思っています。

おわりに

次女が生まれる前まで、部屋は物にあふれ、いつも台所はパニックでした。

でも、不要な物や作業をなくし、シンプルを極めたら、時間の使い方が格段に上がり、心にもゆとりができ、ていねいな暮らしができるようになりました。

そんな過程をブログにつづって約2年、いつも更新を楽しみにしてくださる読者のみなさまのおかげで、今回、書籍化のお話をいただくことができました。

普段私は広告代理店でプランナーとして働き、主に採用を考えている企業様に企画提案、取材や撮影を行い、原稿を作っています。

広告の中でも求人広告は、ダイレクトに反応を感じられるジャンルです。

読んでくれる人の気持ちを考え、想いを伝えるような原稿を書くことができれば、自ずといい反応が返ってくるということを肌で感じていました。

そんな経験を生かして始めたブログでは、子どもが寝てホッとひと息ついたとき、楽しみの1つにしてもらえたらうれしいな、1人でも多くの働くママを増やしたいな、という想いを込めて1つひとつの記事を書いています。

記事の最後のバナーは、内容に共感してくれた人が押してくれるようになっているので、本業の仕事同様、読んでくれる人の反応がダイレクトに伝わってきます。そのワンクリックがうれしかったり、コメントを通してお話しできるのも楽しいです。いつも本当にありがとうございます。

今回、本書を書き上げるにあたって、読者の方が少しでも家事と育児に前向きに取り組むきっかけになればいいな、とくに忙しいママに少しの工夫で家事はラクになることが伝わればいいな、という想いを込めました。

私のように小さなことからコツコツと、「持たない ていねいな暮らし」を始めてみませんか？

少しの工夫で、あなたの暮らしがより豊かになることを願っています。

最後に、初めての著書を出版するあたり、協力してくださったすべてのみなさま、本当に感謝しています。

そして、一番の理解者であり、近くで支えてくれたパパへ。ありがとう。

食べることの大切さと、料理を作る楽しみをくれた子どもたちへ。ありがとう。

マキ

SHOP LIST

※本書の掲載ページ順にご紹介しております。
※紹介している商品は販売が終了している場合があります。

P16－17	「和紡布」株式会社益久染織研究所	☎0745－75－7714
P17、41、56	野田琺瑯株式会社	☎03－3640－5511
P37	「井上古式じょうゆ」有限会社井上醤油店	☎0854－56－0390
P37	「味の母」味の一醸造株式会社	☎04－2969－1188
P37	「千鳥酢」村山造酢株式会社	☎075－761－3151
P50	ティファール	☎0570－077772
P56－57	iwaki（AGCテクノグラス株式会社）	☎03－5627－3870
P74	「トリップ トラップ」ストッケ	☎03－6222－3634
P92	「john masters organics」スタイラ	0120－207－217
P92	「Bambi Series」株式会社T-Garden	0120－412－324
P94	株式会社ノハナ	http://nohana.jp/
P100	「パックスナチュロン」太陽油脂株式会社	0120－894－776
P105	「穴うめ職人」株式会社ハウスボックス	☎03－3737－1421
P105	「ニンジャピン」KONCENT蔵前本店	☎03－3862－6018
P109	「折りたたみOK 10連ハンガー」株式会社赤ちゃん本舗	0120－500－684
P117	「スタイルキッズ」株式会社MTG	0120－467－222
P120	「テラムス エデンの女神」株式会社石澤研究所	0120－49－1430
P120	「ASAHI Walklandの靴」株式会社アサヒコーポレーション	0120－48－1192

マキ maki

東京都在住。２歳と７歳の娘、夫の４人暮らし。

広告代理店勤務のワーキングマザー。

ブログ「エコナセイカツ」では、不要な物は持たない、不要な家事はやらない、日々のシンプルな暮らしぶりを紹介。1日約2万PV、月間で約60万PVという数字とリピート率の高さで話題に。

「日本ブログ村」の「ライフスタイル」と「シンプルライフ」カテゴリーで第１位の実績を持つ。

エコナセイカツ　ブログ
http://econaseikatsu.hatenadiary.com/

装幀・本文デザイン……齋藤 知恵子（sacco）
撮影……原田 真理
写真提供……マキ

持たない ていねいな暮らし

2015年10月18日 第1刷発行
2016年 4 月 5 日 第7刷発行

著　者……マキ
発行者……徳留 慶太郎
発行所……株式会社すばる舎
〒170-0013 東京都豊島区東池袋3-9-7 東池袋織本ビル
TEL 03-3981-8651（代表）03-3981-0767（営業部直通）
FAX 03-3981-8638
URL http://www.subarusya.jp/
振替 00140-7-116563
印刷……シナノ印刷株式会社

落丁・乱丁本はお取り替えいたします

ISBN978-4-7991-0456 9